KB260843

일의 본질 이해하고, 스마트 하게 일하자!

추천의 글

피터 드러커를 한국에 다시 불러 들이는 계기가 되길

피터 드러커교수께서 책과 논문 그리고 주기적인 칼럼 기고들로 전달한 인사이트와 성찰들은, 비록 그가 작고한 후에도 더 큰 공명을 주고 있다. 그는 교수로서 강의, 컨설팅, 저술, 자원봉사의 삶을 균형을 이루며 살려 노력하신 분이다. 젊었을 때, 나치와 공산주의에 대항한 혁신적 보수주의자로서, 미국으로 이민온 후에는 대기업 GM을 비판적으로 컨설팅을 하려 했던, 도전적 합리주의자로서, 2차세계대전 후에 전쟁에서 돌아 온 젊은이들에게 교육 기회를 전폭 지원하는 데서 산업사회에서 정보/지식사회로의 전환을 읽어 내었던 사회생태학자로서, 그가 경영학과 경영컨설팅 분야의 초석을 깔아 놓은 업적에 대해 당대의 최고 학자들과 컨설턴트들은 입을 모아 그를 "경영학의 대부", "경영학의 구루"라는 칭호를 서슴지 않는다. 그럼에도 불구하고 정작 피터 드러커 본인은 구루(Guru)라 불리는 걸 거부하였는바, 마치 '허풍꾼' 이라는 말로 세속화되어 가고 있다고 생각하였다.

피터 드러커는 머리를 복잡하게 써서, 대중이 무지함을 유도하여 스스로 환자임을 자인케 하는 방식의 컨설팅을 천박한 속임수로 생각하여, 남의 삶에 변화를 주기 위해선 그들의 삶의 복잡성을 아주 단순한 질문으로 접근하여, 그들 스스로 복잡해 보였던 실타래를 풀릴 수 있는 실타래로 보게 하고, 거기서 스스로의 해답을 찾게 해 주는 소위 쉬운 문답 형식의 코칭을 통한 각성 성찰을 강조하였다.

이 책에서 홍대리는 피터 드러커의〈프로페셔널의 조건〉이라는 책을 접하면서, 자기경영(self-management) 방법으로 강점관리, 목표관리, 시간관리, 우선순위관리(smart working), 인간관계/리더십 개발 등 피터 드러커의 아이디어들을 실행에 초점을 맞추어 추진해 가고, 성과를 맛보게 된다. 원래 〈프로페셔널의 조건〉이라는 책제목은 〈The essential Drucker〉라는 책을 일본 전문가가 피터 드러커 교수와 함께 3권으로 정리한 것을 한국 출판사와 번역자가 시장의 호응을 불러 일으키기 위해 만든 것이다. 이 책은 다른 책들에 비해 비교적 쉽게 읽힐 수 있다는데 착안하여, 〈땡큐! 드러커〉의 소재로서 삼아 저자나름으로 알기 쉽게 스토리화 하여 전달하려 한 점은 높이 평가할만 하다.

일본에서 〈매니지먼트〉라는 피터 드러커의 책을 소설화하여 〈모시도라〉, 한국에서는 〈만약 고교야구 여자 매니저가 피터 드러커를 읽는다면〉이란 책으로 기록적인 판매고를 이루어 피터 드러커를 다시 읽게 한 것을 보고, 2013년에 〈땡큐! 드러커〉가 세인의 주목을 받아 다시 피터 드러커를 한국에 불러 들이는 계기가 되기를 바란다.

대중은 학자나 컨설턴트처럼 영리하거나 복잡한 사고에 익숙해 있지를 않다. 전문 용어를 써가며, 복잡한 내용을 어려운 말로 풀어가는 것에 귀를 기울이지 않는다. 우화적으로 석학의 아이디어를 대중이 알기 쉽게 그들의 일상 경험과 일치하게 전달하는 〈땡큐! 드러커〉와 같은 책들이 많이 나와, 보석 같은 지혜들이,인사이트들이 자기 성찰을 유발하고, 나아가 문방구 같은 데서 쉽게 살 수 있는 도구들로 모든 이들에게 지혜로 전파되길 바라면서, 이 책을 추천한다.

장 영 철 교수

경희대학교 경영대_피터드러커소사이어티 공동대표

머리글

목표 달성을 도운 사람으로 기억되길 바라며

몇 년 전 일본에서 피터 드러커의 대표 저서인 「매니지먼트」의 내용을 기반으로 하는 소설이 나와 초 베스트셀러가 됐다는 기사를 보면서, "아! 정말 대단하다. 이런 발상을 하다니." 하면서 놀라워 했던 기억이 있다. 이후 한시라도 빨리 그 책이 번역되어 나오기만을 손꼽아 기다렸다. 일본에서 큰 성공을 이룬 책은 국내에서도 큰 기대를 받으며 2011년 5월에 출간 되었다. 그 책이 바로 「만약 고교야구 여자 매니저가 피터 드러커를 읽는다면」이다. 급한 마음으로 서점에 달려가 책의 내용을 살펴 보지도 않고, 곧바로 계산을 마쳤다. 그리고 설레는 마음으로 첫 페이지부터 읽기 시작했다. 평소에 책 읽는 속도가 늦은 편이었지만, 소설 형식이었기 때문에 빠른 속도로 책을 끝까지 읽어 냈다. 책의 마지막 장을 덮고 나서, 나는 깊은 고민에 빠졌다. 뭔가 아쉬움이 남았다. 내용의 소재인 고등학교 야구팀의 관리자 역할을 하는 고등학교 여학생의 이야기가 우리 문화와 달라서인지 크게 공감이 되지 않았다. 하지만 그것 보다는 과연 이 책을 통해 피터 드러커의 경영원칙을 충분히 배울 수 있는가에 의심이 생겼다. 새로운 접근 방식에 대한 기대가 컸던 만큼 실망이 컸다. 그리고 오랫동안 답답한 마음으로 지냈다. 그러던 어느 날 내가 직접 써 보겠다는 결심을 하기에 이르게 된 것이다.

앞서 저술한 책, 「최고들의 7가지 자기관리법(피터가 알려준 21세기 성공법칙)」의 내용과 강의를 하면서 부분적으로 적용했던 스토리 아이디어를 바탕으로 이야기를 만들어 갔다. 피터 드러커의 경영원칙을 일과 삶에 적용하기 위해 고민했던 나의 경험을 담고, 줄거리의 바탕이 되고 있는 금융자산투자 회사의 직원과 인터뷰를 하여 이야기를 완성했다. 솔직히 피터 드러커의 사상을 온전히 담기에는 저자의 역량이 부족하다는 것을 잘 알고 있었지만, 피터 드러커가 누구인지를 전혀 모르고 있거나 또는 안다 하더라도 그의 경영원칙을 본질을 제대로 접하지 못한 사람이 적지 않은 현실에서 누군가는 피터 드러커에 접근할 수 있는 통로 역할을 할 필요가 있다고 생각하여, 부족하지만 용기를 내었다. 이 책이 피터 드러커의 경영원칙을 쉽게 익히고, 적용하는데 도움이 되어 창조경제의 주체라 할 수 있는 지식근로자의 생산성 향상에 적은 기여라도 할 수 있기를 바라는 마음이다.

경영학의 그루로 평가 받는 피터 드러커는 1909년 출생하여 2005년에 타계했다. 그의 업적은 이미 시작된 지식사회를 발견하고, 지식 생산성 향상에 초점을 둔 경영원칙을 기업과 개인에게 제공했다는 것이다. 그는 몇몇 사람들로 하여금 자신들의 목표를 설정하도록 하고, 또 그것을 달성할 수 있도록 도와 준 사람으로 기억되길 바란다고 겸손하게 말했지만, 실제로는 지구 상에 있는 수없이 많은 사람들의 목표 달성에 기여한 사람으로 기억되고 있다. 이 책 역시 사람들이 자신의 목표를 설정하고 달성하는데 도움을 줄 수 있다면 저자로서 더 바랄게 없다.

이 책이 나오기까지 도움을 주신 많은 분들이 있었습니다. 때를 기다리는 지혜를 주신 하나님께 감사 드립니다. 금융자산 투자상담 업무에 대해 조언을 해준 하나대투증권 김용기대리님, 주인공의 캐릭터를 만들어 주신 추병수 화백님, 새로운 도전에 용기를 주신 박사과정 선생님들, 그리고 사랑과 기도로 응원해 주신 많은 분들께 감사 드립니다. 특별히 출판을 결정해주신 한국생산성본부 정보문화원 안덕기 원장님께 깊은 감사를 드립니다. 끝으로 여기까지 이끌어 준 피터 드러커에게 감히 이 책을 바칩니다.

2013년 9월

자유롭게 일하는 아빠 홍 성 욱

CONTENTS»

홍대리를 소개합니다

이름 홍반석, 1982년 서울 강남구 대치동에서 태어났다.
활달한 성격으로 사람들과 어울리기 좋아하여 어릴 때부터
주위에 친구가 많았다. 중·고등학교 때부터는 학업에 열
중했다. 학교도 열심히, 학원도 열심히 다니며 공부한 결과,
2000년에 명문 Y대학교 심리학과에 입학했다. 재학 중에는

우수한 학점을 유지하고, 방학 중에는 단기 해외 어학연수에 참여하는 등, 다양한 스펙을 쌓기 위해 최선을 다했다. 대학교 2학년을 마치고 육군현역으로 입대, 군 복무를 마친 후에는 더욱더 학업에 매진해, 학과 수석으로 대학생활을 마쳤다. 졸업과 동시에 국내 최고 금융투자 회사인 O사에 입사한 그는 채용 과정에서 우수한 인재로 인정을 받아 기획팀에 발령 받게 된다. 그로부터 1년 뒤에는, 대학교 3학년 무렵에 어머니 친구 분의 소개로 만나 교제해온 여자 친구와 많은 사람들의 축복을 받으며 결혼식을 올렸다. 그는 단 한 번의 실패 없이 성공의 길을 걸어온, 소위 말하는 엄친아(엄마 친구 아들의 약어로 엄마가 항상 "엄마 친구 아들은" 하면서 비교하는 완벽한 사람을 의미)였다.

그러나 승승장구하며 세상으로부터 인정 받던 시절은 거기까지였다. 직장생활을 시작한 이후에는 그러한 흐름을 이어가지 못했다. 주어진 일은 성실히 수행했지만, 주도적으로 업무를 추진하거나 창의적으로 문제를 해결하는 모습을 보여주지 못해 주위 기대에 못미쳤다. 또한 이따금 업무상 실수로 인해 상사와 부서원들을 난처하게 만들기도 했다. 이런 식의 상황이 반복되자 부서 내에선 더 이상 그에게 중요한 일을 맡기지 않는 등, 그에 대한 업무적인 신뢰도가 바닥까지 떨어졌다. 그런 생활을 3년쯤 반복하면서, 조직에서 무능력자로 찍힌 것 같은 느낌에 하루하루를 무거운 마음으로 지냈다. 입사 4년 차에 가까스로 대리 승진을 했지만, 이대로 가다간 낙오자가 될 것 같은 불안감으로 곧잘 우울해졌다. 그동안 쌓인 부정적 이미지를 떨쳐내기 위해 남들보다 일찍 출근하고, 늦게 퇴근하며 열심히 일에 매진해도 크게 달라지는 건 없었다.

"홍대리, 이제 대리도 됐는데, 일을 알아서 잘해야 하는 거 아닌가. 도대체가 나아진 게 없어. 자네 정말 이것밖에 안 되는 사람이었나?"

최근 팀장으로부터 크게 질책을 받은 이후, 얼마 남지 않은 자신감마저 완전히 잃어가고 있었다. 홍대리는 깊은 고민에 빠져 있었지만, 어떻게 해야 이 상태에서 완전히 벗어날 수 있을 지 막막하기만 했다.

제 1장

피터 드러커를 만난 홍대리

피터 드러커를 만난 홍대리

월요일 아침, 홍대리는 평소처럼 무기력한 표정으로 자리에 앉아 메일을 확인했다. 회사 내 인재개발팀에서 보내온 메일 한 통이 보였다. 내용은 직원들이 필수적으로 이수해야 하는 독서통신교육에 대한 안내문이었고, 도서 목록이

첨부되어 있었다. 그 중 한 권의 도서를 선정하여 신청하라는 지시에 별다른 고민 없이 목록에 있는「프로페셔널의 조건」이라는 제목의 책을 신청했다. 사실 홍대리는 그 책에 대해서, 또 저자인 피터 드러커에 대해서 전혀 아는 바가 없었다. 단지 제목이 마음에 들었을 뿐이었다. 그것은 누구보다 프로페셔널이 되고 싶은 홍대리의 무의식이 선택한 결과였다.

그리고 한 달이 지났다. 점심식사를 마치고 사무실로 돌아온 홍대리는 책상 위에 올려져 있는 누런 봉투를 뜯어 책을 꺼내는 순간, 자신도 모르게 "아이고" 하는 탄성을 질렀다. 독서통신 교재로 온 책의 표지가 재미 없는 책이라는 것을 미리 보여 주는 듯 했다. 400쪽에 가까운 두꺼운 책인데 다가 그림이 하나도 없어 끝없이 펼쳐진 사막 같은 지루한 느낌이었기 때문이다.

'결정하기 전에 인터넷으로 내용과 쪽 수를 확인하고 책

을 고를 걸.'

 페이지 수가 적고, 읽기 편한 책을 고르지 못한 것이 후회
스러웠지만 돌이킬 수 없는 일이었다.

 '이왕에 이렇게 된 거, 할 수 없지 뭐.'

 평소 어쩔 수 없는 일이라고 판단되면 포기가 빠른 홍대
리는 마음을 고쳐먹고 책을 읽기 시작했다. 읽어서 나쁠 건
없겠지 하는 마음으로 책을 펼쳤는데, 책을 읽으면 읽을 수
록 저자의 깊고 넓은 통찰력에 감탄하게 됐다. 21세기 지식
사회에서 일하는 사람으로서 효과적으로 일하며 성장하는
방법에 대한 내용이어서, 홍대리는 자신이 가지고 있는 문
제에 대한 실마리를 찾을 수 있을 것 같은 희망이 생겼다.

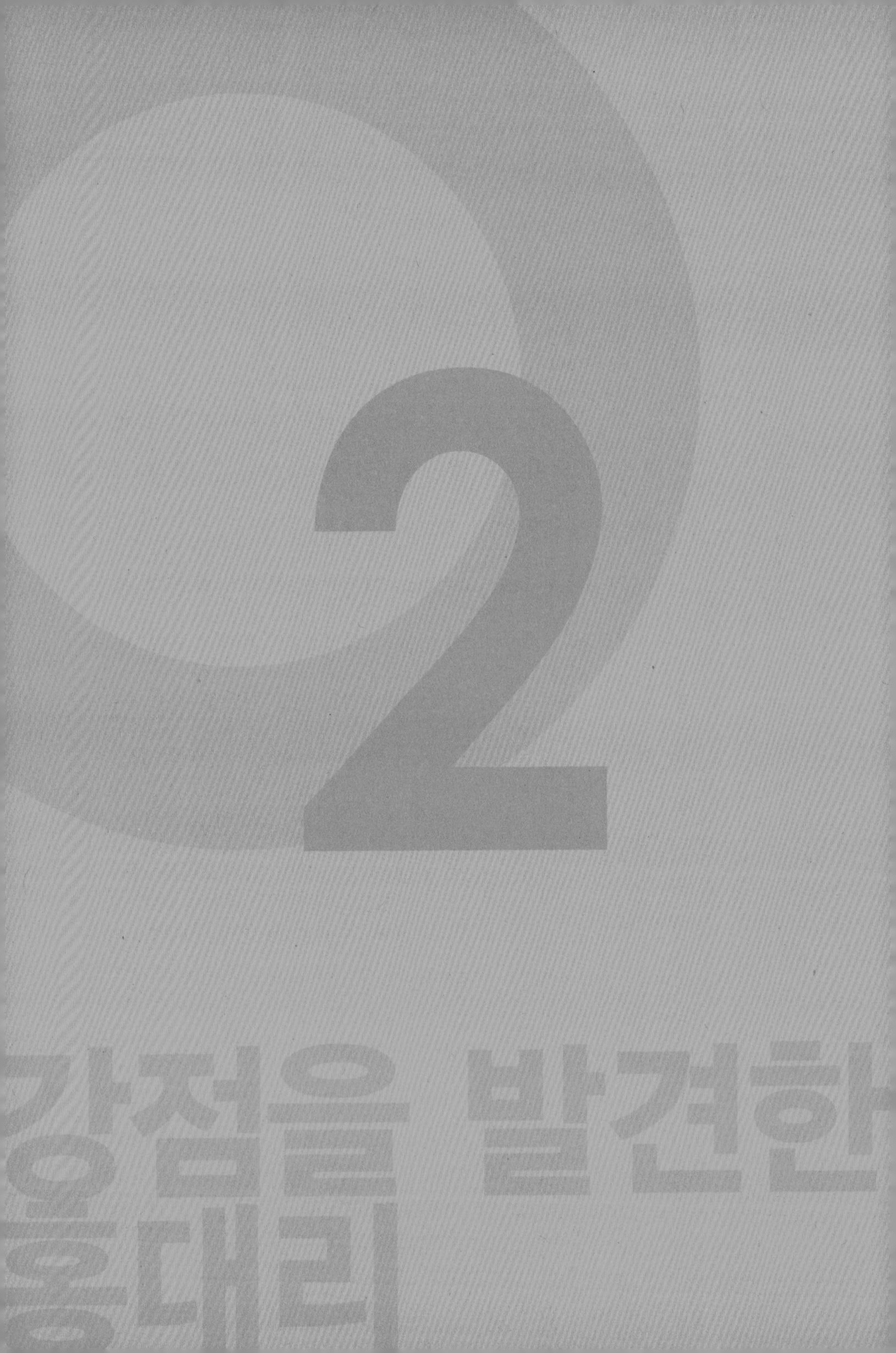

제 2장

강점을 발견한 홍대리

나의 강점은 무엇인가

책에 대한 믿음 덕분인지 모든 내용이 의미 있게 다가
왔다. 시간이 날 때마다 틈틈이 책을 읽었고, 독서통신교
육 프로그램에 따라 책을 다 읽기까지는 한 달 정도의 시간
이 걸렸다. 마지막 페이지까지 읽고 책을 덮었을 때는 마침

내 다 읽었다는 성취감과 함께 좋은 책을 읽었다는 뿌듯함이 밀려왔다. 홍대리는 시원하게 기지개를 켜고, 잠시 눈을 감으며 책의 전체 내용을 돌이켜 보았다. 가장 인상 깊었던 내용은 '자신의 강점을 파악하라' 였다. '나에게 적합한 일이 무엇일까?' 를 생각하게 해 주는 내용이라 흥미가 있었고, 당장 홍대리 자신에게 중요하다는 생각이 들어 책을 다시 꺼내어 그 부분을 읽고 정리 해 보았다.

피터 드러커는 사람들은 오직 강점으로만 성과를 올릴 수 있으며, 약점으로는 결코 성과를 올릴 수 없다고 말한다. 그럼에도 사람들이 자신의 강점과 약점에 대해서 잘 알지 못하고 있기 때문에 강점을 살려 더 좋은 결과를 만들어 낼 수 있는 기회를 만나지 못하거나, 반대로 노력해도 안 되는 약점에 관련된 일을 하면서 성과를 올리지 못하고 있다고 말한다. 또한 자신의 강점이 무엇인지를 아는 것은 자기 자신을 아는데 있어서 가장 중요한 방법이라고 말한다.

홍대리는 자신의 강점과 약점이 무엇인지 딱 떠오르지 않았다. 사실 지금껏 제대로 고민을 해 본적이 없었기에 당연한 일이었다. 사람은 오직 강점으로만 성과를 올릴 수 있다는 문장이 홍대리의 가슴 깊이 파고들었다. 그렇다면 나의 강점과 약점은 무엇일까? 그리고 강점을 찾는 방법은 무엇일까? 분주한 마음으로 책을 읽어 내려갔다.

피터 드러커가 제시하는 강점을 찾는 방법은 '피드백 분석(The Feedback Analysis)'이라는 것이었다. 피드백 분석 방법은 어떤 중요한 의사결정이나 행동을 할 때마다 스스로가 예상하는 결과를 기록해 두고, 일정 시간이 경과한 후에 자신이 기대했던 바와 실제 결과를 비교하는 것이다.

강점을 발견하는 유일한 방법이 피드백 분석이라는 내용을 읽으면서 아쉬운 마음이 들었다. 자동판매기에 일정한 금액을 넣으면 물건이 나오는 것처럼, 몇 가지 간단한 정보만 넣으면 당장이라도 나의 강점을 찾을 수 있을 것이라고 생각했던 홍대리는 실망감을 감출 수 없었다. 그러다 이내 너무 쉽게 답을 구하려는 자신의 태도를 반성하기로 했다. 강점을 발견하는 방법으로 피드백 분석의 의미를 깊이 고민하면서, 간단한 예로 그 의미를 정리해봤다.

만일 학생이 한 학년을 시작하며 특정 과목의 학업 성적 목표를 세웠다. 그리고 나름대로 공부를 열심히 했고, 당초 세운 목표를 잘 달성했다면, 그 학생은 그 과목 공부에 강점이 있다고 할 수 있다. 반면에 최선을 다해 열심히 공부했지만 기대했던 결과가 나오지 않았다면, 그 과목엔 재능이 없을 수 있다.

문득 회사에 막 입사해 기획팀에 발령을 받았을 때에 정말 일을 열심히 잘해보고 싶은 생각에 투지가 넘쳤던 기억이 떠올랐다. 그러나 그런 의욕과는 다르게 일이 뜻대로, 제대로 풀리지 않았던 이유는 무엇이었을까? 어쩌면 기획팀의 일이 자신이 잘할 수 있는 일이 아니었을 수도 있다는 생각이 들었다. 홍대리는 생각이 거기까지 이르자, 도대체 자신이 어떤 일을 하는데 적합한 사람일지 궁금해졌다. 궁하면 통한다는 말처럼 홍대리는 피터 드러커가 알려준 피드백 분석을 지나간 시간에 적용해 보는 방법을 생각해냈다.

홍대리는 입사 후 지난 3년간의 시간을 되돌아보면서 자신의 강점 찾기를 시도하기로 했다. 그동안 일을 해왔던 과정에 대한 특별한 기록이 없는 상태에서 단지 자신의 기억만으로 강점을 찾는 다는 것이 막막했지만, 명상을 하듯 눈을 감고 입사 초기부터 지금까지 해왔던 일을 차분히 되짚으며 자신의 강점을 정리해보았다. 또한 주변 사람들에게도 자신의 강점과 약점이 무엇이라고 생각하는지 물어 보았다. 하지만 많은 사람들이 강점과 약점의 의미를 정확하게 이해하지 못해서인지, "넌 참을성이 강한 것 같아."와 같은 추상적인 답을 주는 경우가 대부분 이었다. 홍대리는 고심 끝에 '내가 어떤 일을 하면 성공할 수 있을까?', '내가

절대로 해서는 안 되는 일은 무엇일까?' 로 질문을 바꾸어

물어 보았다. 그렇게 1주일을 투자하고 나서야, 홍대리는

자신의 강점과 약점을 적은 목록을 완성할 수 있었다.

〈 홍대리의 강,약점 목록 〉

나의 강점

나는 돌아다니는 것을 좋아한다.

출장 갈 기회가 있었는데, 설렘으로 잠을 설쳤던 일이 생각났다. 일터를 벗어나는 즐거움도 있었겠지만 나는 천성적으로 돌아다닌 것을 좋아한다는 것 같다.

나는 사람을 만나면 에너지가 생긴다.

사람들과 만나는 것을 즐거워했고 사람들과 얘기할 때 에너지가 생기는 느낌을 받았다. 반면 장시간 혼자 있을 때는 왠지 몸에 힘이 빠질 때가 많았던 것 같다.

나는 처음 만나는 사람들과도 금방 친해진다.

친한 친구가 "너는 사람 만나는 것을 좋아하고 누구보다 빨리 친해지는 것 같아." 라고 말했다.

나는 설득력이 강하다.

그 친구는 나에게 "너는 참 상대를 잘 설득하는 것 같다 아마도 네 마음을 잘 전달하는데 강점이 있는 것 같아." 라고 말했다.

나는 목표가 분명하고 경쟁적 상황에 처하면 열정이 생긴다.

학교를 다닐 때를 기억하니 대회 출전 같은 단기적 목표가 있을 때마다 열정적으로 도전했던 기억이 난다.

나의 약점

나는 사방이 조용한 곳에서 숨죽이고 일하는 것이 너무 힘들다.

출근해서 퇴근할 때까지 조용한 사무실에서 각자 자기의 일만 할 때는 숨이 막힐 것 같다.

나는 단순한 일을 반복하면 짜증이 나고 일의 효율이 떨어진다.

입사 첫 해에 기획팀이 주관하는 행사에 참석자 350여명의 명찰을 만들던 때를 생각하면 지금도 진저리가 난다.

나는 꼼꼼하지 못하며, 문서에 오타가 많다.

기획 보고서에 오타가 많아 선배들과 팀장님께 여러 번 혼났다.

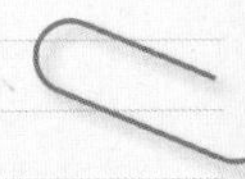

홍대리는 스스로 정리한 강점에 관련 내용을 바탕으로 질문을 던졌다.

"나에게 적합한 일은 무엇일까?"

질문과 동시에 답이 나왔다. 그것은 바로 영업 업무였다. 순간 자신이 잘 할 수 있는 일을 찾았다는 생각에 가슴이 벅찼다. 급한 마음에 잠시 책을 덮고 강점을 찾아봤지만, 강점에 관한 더 정확한 지식과 이해를 갖기 위해선 다시 책을 읽어야 했다. 강점을 찾기 위한 피드백 분석을 마친 후에 할 일은 피드백 분석 결론이라는 내용으로 정리되어 있었다.

피터 드러커는 피드백 행동 분석을 통한 결론으로 강점에 집중하라고 말한다. 즉, 강점을 통해 성과를 올릴 수 있는 일을 해야 하며 강점을 충분히 발휘하는데 필요한 지식을 얻기 위해 노력 해야 한다는 것이다. 또 다른 결론은 목표 달성과 성과 향상에 방해되는 나쁜 습관을 고치고 아무리 해도 성과가 오르지 않는 일을 하지 않는 것이다.

생각해보니 홍대리는 학교 다닐 때부터 자신이 부족한 점을 찾고, 그것을 보완하는 데 초점을 두고 노력을 해 왔다는 생각이 들었다. 이를테면 수학 실력이 부족하면 수학 공부를 하고, 영어 실력이 부족하면 영어 공부를 하는 식이었다. 성인이 되고 직장생활을 하면서도 그러한 생각에 변함이 없었다. 자신을 포함한 대부분의 직장인들이 자신의 부족한 점을 찾고, 그것을 메우기 위한 방식으로 자기계발을 하고 있다는 생각이 들었다. 홍대리는 피드백 분석 결론을 정리하며 그런 식의 노력, 즉 약점을 보완하는 방법으로는 뛰어난 성과를 만들 수 없다는 것을 깨달았다.

나는 어떻게 성과를 올리는 가

　홍대리는 책을 계속 읽어 가면서 일반적인 강점뿐만 아니라 일하는 방식에 있어도 각자의 강점이 있다는 것을 알게 되었다.

　피터 드러커는 사람들이 자신이 어떤 방식으로 일하고 있는지 모르고 있다는 것을 지적하며, 자신에게 맞는 고유의 방식으로 일하지 못하고 있기 때문에 최고의 성과를 올리지 못하고 있다고 말한다.

　홍대리는 피터 드러커가 말하는 내용을 바탕으로 업무 스타일 체크리스트를 만들어 자신의 성과를 올리는 방식에 대해 확인해봤다.

〈 홍대리의 업무 스타일 〉

내용을 이해하는 방식
☐ 읽는 자 (어떤 내용을 읽었을 때 잘 이해하는 사람)
☑ 듣는 자 (말하는 것을 들었을 때 잘 이해하는 사람)

학습하는 방식
☐ 스스로 말하는 것을 들으면서 배우는 사람
☑ 쓰면서 배우는 사람
☐ 실제로 행하면서 배우는 사람

협력하는 방식
☐ 다른 사람과 어울려서 일을 잘하는 스타일
☑ 혼자서 일을 잘하는 스타일
　(나는 다른 사람과 함께 일하면서 책임이 분명할 때 성과를 올린다.)

집중하는 방식
☐ 조용한 곳에서 혼자 있을 때 집중이 잘 되는 사람
☑ 여행할 때 집중이 잘 되는 사람

업무 환경의 긴장도
☑ 변화가 있고 긴장감 속에서 일을 잘하는 사람
☐ 구조화 되고 예측 가능한 환경에서 일을 잘하는 사람
　(나는 약간 긴장감이 있어야 일을 열심히 하게 된다.)

조직의 규모
☐ 거대한 조직의 작은 부분으로 존재할 때 일을 잘 하는 사람
☑ 작은 조직에서 최고로 대접 받을 때 일을 잘 하는 사람

조직에서의 역할
☐ 의사결정자로 결과를 얻는 보스 스타일
☑ 조언가로서 결과를 얻는 참모 스타일

홍대리는 지금껏 한 번도 생각하지 못했던 자신의 일하는 스타일에 대한 확인을 하고 나자, 묘한 쾌감과 뭔가 잘 할 수 있을 것 같은 알 수 없는 힘을 느꼈다.

피터 드러커는 사람들이 성과를 올리는 방식은 강점과 마찬가지로 타고난 기질적인 것이라고 말하고, 이것은 개선될 수는 있지만 완전히 바뀔 가능성은 없다고 말한다. 애써 자신을 바꾸려고 노력하지 말라. 이것이 바로 피터 드러커의 결론이다.

홍대리는 언젠가부터 사람들이 모든 것을 변화시켜야 한다는 강박 관념에 시달리고 있다는 생각을 했다. 물론 변화하지 않으면 도태되는 세상의 흐름 속에 있지만, 그런 와중에도 변화시켜야 할 것과 변화시키지 말아야 할 것을 구분할 수 있는 판단력이 필요하다는 생각이 들었다. 홍대리는 자기 자신에 대해서 더욱 많이, 또 철저히 알아야겠다는 결심을 했다.

나의 가치관은 무엇인가

피터 드러커는 젊은 시절에 자산 관리 전문가로서 탁월한 성과를 올리며 그 일에 강점이 있다는 것을 확인했지만 부유한 사람으로 땅에 묻히는 것이 자신의 가치관에 부합하지 않았기 때문에 은행을 그만두었다는 경험을 소개하며 자신의 강점, 일하는 방식과 더불어 알아야 할 것이 가치관이라고 말한다.

홍대리는 생각에 잠겼다. 잠시 책을 덮고, '나의 가치관은 무엇인가?' 라는 질문을 던졌다. 가치관이란 단어를 잘 알고 있었지만 한번도 '나의 가치관은 무엇이다' 라고 말한 적이 없었다. 돌이켜보면 학교를 다닐 때는 좋은 대학에 가는 것이 중요했고, 대학을 다닐 때는 좋은 직장에 들어가는 것이 중요했다. 그래도 그때는 중요한 것이 있었지만 지금은 도대체 내가 왜 사는가라는 생각이 들었다. 시류에 맞춰 살다 보니 언제부터인가 길을 잃어 버린 것이다. 홍대리는 책을 덮고 한참을 고민 해보았지만, 자신이 원하는 삶이 무엇인지 정리 되지 않았다. 사실 이것은 쉽게 정할 문제도 아니고, 그렇게 정하면 안 될 것 같아서 좀 더 시간을 가지고 고민하기로 했다. 홍대리는 다시 「프로페셔널의 조건」을 읽어 내려 갔다.

'한 사람의 가치관은 궁극적인 평가 기준이고, 또한 궁극적인 평가 기준이 되어야 한다.' 는 짧은 문장이 눈에 들어왔고 홍대리에게 강한 메시지로 마음에 와 닿았다. 많은 사람들이 다른 사람의 삶을 자신의 기준이나 사회적 기준을 가지고 평가하고 있지만, 그 사람의 인생은 그 사람의 삶의 목적에 따라 평가 되야 하는 것이 맞다는 생각이 들었다.

홍대리는 가치관과 목적 없이 살고 있는 자신의 모습이 지금 안고 있는 문제의 근본적인 원인일 수 있겠다는 생각을 했다.

피터 드러커는 성공적인 경력은 목표와 계획 만으로 얻을 수 있는 것이 아니라, 자신의 강점, 일하는 방식 그리고 자신의 가치관을 앎으로써 기회를 맞을 준비가 되어 있는 사람들의 것이라고 말한다. 또한 이 세가지를 알면 자신이 어떤 일을 해야 할 지를 알게 되고, 보통의 평범한 사람도 뛰어난 성과를 올릴 수 있다고 말한다.

"그 동안 나는 할 수 있다는 신념으로 도전해왔지만 좋은 결과를 얻지 못했던 이유가 바로 여기 있었구나."

홍대리는 잃은 길을 찾은 것 같아 마음이 시원해졌다. 여기 까지 읽고 나니 홍대리는 마음속으로 결정을 내릴 수 있었다.

'내가 있어야 할 곳은 이곳 기획팀이 아니라 영업팀이야.'

그의 마음속 깊숙한 곳에 시원한 외침이 울려 퍼졌다.

부서 이동

영업 업무에 강점이 있다는 결론을 내린 홍대리는 회사 영업 업무인 금융자산투자상담사 일에 도전하기로 결정했다. 그러나 막상 결심을 하고 나니 걱정되는 일이 많았다. 우선 가족들의 반대가 예상됐다. 특히 아버지께서 크게 반대할지도 모르겠다는 생각을 하니 두려운 생각이 들었다. '두렵지만 해야 할 일을 하는 것이 진정한 용기다.' 라는 말을 떠올리며 행동에 나서기로 했다.

우선 아내에게 말을 꺼냈다. 우연히 읽게 된 피터 드러커의 책을 통해 자신의 강점이 무엇인지를 생각하고 신중하게 내린 결론이라며 말을 이어나갔다. 이야기를 듣고 아내는 "당신 말이 맞는 것 같아. 나는 당신을 믿고 응원할 테니까. 열심히 해봐!" 라며 격려를 해주었다. 예상 밖으로 선뜻 이해를 해준 아내가 고마웠고 용기가 생기기 시작했다.

문제는 부모님이었다. 지금껏 단 한 번도 진로 문제에 있어 걱정을 끼친적이 없었다. 부모님이 원하는 대학과 회사에 들어갔기 때문이다. 쉽게 허락해 주시지 않을 것 같았다. 이제까지의 모든 결정이 자신이 진정 하고 싶어서 했던 결정이 아님을 안 이상, 이번만큼은 제대로 방향을 정하고 싶었다. 주말에 부모님께 찾아 가기로 약속을 하고 나니 더욱 비장한 마음이 들었다.

"그래, 할 얘기가 뭔지 해봐."

"다름이 아니라, 제가 금융자산투자상담사 일을 해 볼 생각이에요."

아버지의 눈빛을 보니 적잖이 놀라신 것 같았다.

"아니, 갑자기 왜!"

"사실은 그 동안 말씀을 드리지 못했지만 부서 내에서 좋은 평가를 받지 못해 힘든 시간을 보내고 있었어요. 나름 잘하려고 노력을 했지만, 일이 뜻대로 되지 않아 언젠가부터 자신감을 잃고 불행한 마음으로 지냈어요. 아무래도 기획 업무는 저에게 맞지 않는 것 같아요."

갑작스럽게 아들의 이야기를 들은 아버지는 당황하신 듯, 떨리는 목소리로 말씀 하셨다.

"그랬구나. 그런데 왜, 굳이 힘든 영업 일을 하겠다는 건지 모르겠구나."

"왜냐하면 최근에서야 제가 영업 업무에 강점이 있다는 것을 알게 됐거든요. 영업이 제가 가장 잘 할 수 있는 일이라는 확신을 가지게 됐고, 일을 시작한 후에도 행복한 마음으로 일할 수 있을 것 같아요."

"솔직히 영업 일을 하는 것이 탐탁지 않지만, 네가 행복하다면 부모로서 더 할 말은 없구나. 이왕에 결심을 했다면 최선을 다해 열심히 노력해서 네 생각이 옳았다는 것을 보여주렴."

부모님의 허락까지 받고 나니 마음이 가벼워졌다. 이제 기획팀장을 설득하는 일만 남았다. 주말 내내 기획팀장을 어떻게 설득할 것인가에 대해 고민하고 나름대로 내용을 정리하여 비장한 마음으로 월요일 출근길에 올랐다.

홍대리는 간부 회의를 마치고 나오는 팀장님 앞에 섰다.

"따로 드릴 말씀이 있습니다."

"왜, 무슨 일인데?"

두 사람은 회의실로 이동해 자리에 마주 앉았다.

"저…, 가능하다면 영업부서로 옮기고 싶습니다,"

눈을 동그랗게 뜨며 놀라는 기색을 보이는 팀장님은 잠시 머뭇거리더니,

"오래 생각한 거야?"

"네."

잠시 침묵이 흘렀다.

"좋아, 그렇게 해!"

얘기는 그렇게 끝났다. 왜 그런 결정을 했느냐에 대한 답을 충분히 준비했지만, 그 이야기를 할 필요는 없게 되었다. 너무 빨리 허락을 해 준 팀장에게 서운한 생각도 들었

지만 홍대리는 결국 자신이 원하는 결과를 얻었다는 생각에 가슴이 뻥 뚫리는 시원한 기분을 느꼈다. 이제 뭔가 새로운 나를 보여 줄 수 있을 것 같은 마음의 열정이 끓어 오르는 소리가 들리는 듯 했다.

치즈 포스터

1998년에 출간되어 세계적인 베스트셀러가 된「누가 내 치즈를 옮겼을까」의 주인공 '호'는 변화하기를 거부하다가 두려움을 극복하고 용기 있게 치즈를 찾아 나선다. 주인공은 치즈를 찾는 과정 속에서 깨닫게 된 이야기들을 미로의 벽에다 적어 놓는다. 벽에 쓰인 글귀들은 주인공의 변화를 돕고, 도전을 지속해 가는 데 지침이 되며, 도전하는 열정을 유지할 수 있는 자극제가 된다.

대학 입학 당시 이 책을 읽게 된 홍대리는 앞으로 살면서 자신에게 좋은 영향을 주는 문장을 만났을 때, 치즈 모양의 포스터를 만들어 방 벽에 붙이기로 결심했었다. 멋진 문장을 담고 있는 치즈 조각들이 그때의 열정을 식지 않게 해주고, 목표에 용기 있게 도전하는 데 힘을 줄 것이라 생각했기 때문이다. 그런 결심을 한 후 제일 처음으로 만들어 붙인 치즈포스터는 그 책에 나오는 '생각이 바뀌면 행동이 달라진다.' 라는 문장이었다.

홍대리는 불현듯 그때의 일이 생각나 「프로페셔널의 조건」

을 읽으면서 자신에게 큰 힘을 줄 것이라고 판단되는 문장을

만나면 그때처럼 치즈포스터로 만들어야겠다고 다짐했다.

제 3장

올바른 목표를 설정한 홍대리

새로운 업무의 시작

금융자산투자상담사로서 일을 시작하는 데 필요한 자격 시험에 합격한 후 영업지점으로 발령이 났다. 부서 이전을 신청한지 3개월이 지나서였다. 홍대리는 그 동안 함께 했던 기획팀 부서원들과 막상 헤어진다고 생각하니 아쉬움과 후회가 밀려오면서 만감이 교차했다. 주말에 회사에 출근하여 책상과 사물을 정리했다. 그리 오랜 기간도 아니었는데 왜 이렇게 많은 물건들을 가지고 있었는지 스스로에게 놀랐다. 솔직히 쓰지 않는 물건이나 자료가 많이 있었지만 당장 무엇을 버려야 할지를 판단하기가 어려워 우선 가지고 있는 물건을 모두 박스에 담아 놓고 이사 갈 준비를 마쳤다.

드디어 월요일, 홍대리는 발령지인 경기도 분당 영업지점으로 출근했다. 이미 그간의 과정이 소문나 있던 터라 첫날부터 영업지점의 직원들이 반갑게 맞아 주었다.

"오늘부터 여러분과 함께 일하게 된 홍반석 대리입니다. 아시겠지만 저는 금융자산투자상담사로서 경험도 없고, 지식도 없습니다. 신입사원이라고 생각하고 열심히 노력하여 지점에 기여하는 사람이 되겠습니다."

이렇게 부서 이동 과정이 모두 끝났다. 홍대리는 마음속으로 정말 잘해야겠다는 다짐을 몇 번이고 반복했다. 하지만 금융자산 투자업무에 대해 너무 무지한 입장에 있다 보니 무엇을 어떻게 해야 할지 막막하기만 했다. 지점에 있는 동료들의 배려로 이것저것 배울 수 있는 시간은 주어졌지만, 너무 생소한 일이어서 도통 무엇이 중요한지, 어떤 일부터 어떻게 시작해야 할지 금방 감이 오지 않았다.

이러다가 또 기획팀에서처럼 무능한 사람으로 찍히는 것 아닌가 하는 아찔한 느낌이 들었고, 어떻게 하면 빨리 새로운 업무에 적응하고 성과를 올릴 수 있을까 하는 조급한 마음이 생겼다. 머리가 복잡해졌다. 순간 책상 책꽂이에 있는 「프로페셔널의 조건」이 눈에 들어왔다. '그래 어쩌면 여기에 답이 있을지 몰라.' 급한 마음으로 손을 뻗어 책을 꺼내 목차를 살펴봤다. 목차 중에 '어떻게 성과를 올릴 것인가' 가 눈에 들어왔다. 그 문장은 마치 홍대리의 고민을 그대로 표현하고 있는 듯했다.

공헌에 초점을 맞추어라

피터 드러커는 지식근로자가 할 일은 최대한 높은 성과를 올리는 것이고, 또한 일의 목적을 달성하는 것이라고 말하며 지식근로자로서의 책임을 강조한다.

홍대리는 우선 지식근로자의 개념부터 명확히 알아야겠다고 생각했다. 마침 육체노동자와 지식근로자를 비교하는 내용이 나와 이해하기 쉬웠고, 그 내용을 바탕으로 지식근로자의 개념을 정리해봤다.

육체노동자는 근육을 이용해 일하는 사람으로서 그들에게 필요한 것은 주어진 일을 할 수 있는 능력이며, 최고 수준의 목표는 능률적으로 일하는 것이다. 육체노동자의 결과물은 언제든지 양과 질을 기준을 평가 할 수 있다. 산업화시대의 조직에는 육체노동자가 대다수였고, 그들에게 어떤 일을 하도록 지시를 내리는 몇 사람이 있었다. 한마디로 육체노동자는 시키는 일을 잘하면 되었다. 반대로 지식이 핵심 자원이 된 오늘날은 지식을 이용해 일하는 지식근로자가 대다수가 되었다. 지식근로자는 지식을 이용해 일하는 사람으로서 그들의 존재 가치는 조직의 목표 달성에 얼마만큼 기여하느냐로 평가 된다. 지식근로자에게 요구되는 것은 높은 성과이며, 그것은 올바른 목표를 달성 하는 것으로 가능한 일이다. 그러므로 지식근로자는 스스로 목표를 설정해서 일해야 한다. 한마디로 지식근로자는 알아서 일하고 또한 잘 해야 한다.

홍대리는 자신을 포함하여 조직에서 일하는 거의 대부분의 사람들이 지식근로자라는 사실을 깨달았다. 하지만 그것만으로는 무엇을 어떻게 해야 할 지에 대한 답은 알 수 없었다. 마음이 급해졌다. 혹시 이 정도 수준의 이야기로 끝나는 것이 아닌가 하는 조바심이 들었기 때문이다. 기대감을 가지고 다음 장을 열었다. 순간 홍대리의 눈이 커졌다. 답이 있었다.

'성과를 올리는 사람은 공헌에 초점을 맞춘다.' 였다.

피터 드러커는 성과를 올리는 지식근로자가 되기 위해서는 자신이 하는 일이 최종적으로 어떤 성과에 공헌해야 하는지를 고민해야 하고, 거기에 공헌하기 위해 자신의 책임이 무엇인지를 알아야 한다고 말한다.

사실 처음에는 그 말이 머리에 쏙 들어오지는 않았다. 홍대리는 글을 백 번을 읽으면 그 뜻이 저절로 들어난다(讀書百遍義自見)는 말이 생각나 몇 번을 반복해서 읽다 보니 그 의미를 깨달을 수 있었다.

야구팀의 외야수가 팀 승리에 공헌하기 위해 자신의 포지션에서 책임을 다하고 있는 것처럼, 일하는 사람은 자신이 최종적으로 어디에 공헌해야 하는지를 알고, 거기에 공헌하기 위해 자신의 위치에서 만들어야 할 성과를 알고 있어야 한다는 의미로 정리 되었다. 생각하면 너무나 당연하고 쉬운 내용이지만 실제적으로 내가 공헌해야 할 조직의 성과가 무엇인지, 거기에 공헌하기 위한 나의 성과는 무엇이어야 하는지에 대해 명확한 정리가 없는 채로 일해온 것이 사실이다. 하지만 막상 그 질문에 대한 답을 하려고 하니 막막했다.

한참을 고민하는 중에 홍대리는 문득 다른 책에서 읽은 피터 드러커의 '다섯 가지 질문'이 떠 올랐다.

첫 번째, 우리의 사명은 무엇인가? (What is our mission?)

두 번째, 우리의 고객은 누구인가? (Who is our customer?)

세 번째, 고객이 가치 있게 여기는 것은 무엇인가?
(What does the customer value?)

네 번째, 우리의 결과는 무엇인가? (What is our result?)

다섯 번 째, 우리의 계획은 무엇인가? (What is our plan?)

'그래, 이거야!' 홍대리는 새로운 깨달음을 얻는 기쁨을 누리며 다시 생각을 정리했다. 조직에 공헌하기 위한 나의 사명은 무엇인가? 나의 고객은 누구인가? 나는 고객에게 어떤 가치를 제공해야 하는가? 고객을 만족시키기 위해 내가 만들어야 할 결과는 무엇인가? 홍대리는 피터 드러커의 다섯 가지 가지 질문을 자신의 이야기로 바꾸어 내면서, 공헌에 초점을 맞추는 방법을 공식의 형태로 정리해 봤다. 그 순간, 마치 어려운 수학 문제를 풀 때에 모든 걸 해결해줄 공식이 생각난 느낌이었다.

나는 ________ 로서 (역할) ________ 에게 (고객) ________ 을 (고객 만족 가치) 제공한다.

홍대리는 이 문장 형식을 '공헌문장' 으로 표현하기로 했다.

우선 남편으로서의 공헌문장을 만들어보기 시작했다.

'나는 남편으로서 나의 고객인 아내에게…'

거기까지는 생각이 금방 났는데, 그 다음은 잘 생각이 나지 않았다.

'아내에게 제공해야 할 가치는 무엇일까?

답이 떠오르지 않자, 홍대리는 바로 아내에게 전화를 걸었다.

"당신은 남편인 나에게 바라는 게 뭐야?"

"갑자기 왜 그런 질문을 하는 거야."

아내는 질문에는 답하지 않고, 저의를 의심하는 듯 했다.

"설명은 나중에 할게, 우선 내 질문에 답을 해봐."

"음…"

아내는 한참을 생각하는 듯 하더니 한꺼번에 요구를 쏟아 내기 시작했다.

"돈 잘 벌어오고, 항상 건강하고, 아이 잘 돌보아 주고, 교회 열심히 다니고, 그리고…"

아내의 바람은 끝이 없었다. 홍대리는 전화를 끊고, 곰곰이 생각을 하며 문장을 완성했다.

아마도 아내는 매사에 최선을 다하며 든든한 모습으로 옆에 있어 주는 남편의 모습을 기대하고 있는 듯 했다.

계속해서 홍대리는 자신의 다른 역할을 중심으로 또 다른 공헌문장을 만들어 봤다. 고민을 하며 몇 차례 공헌문장을 만들다 보니 감이 생기고, 제법 괜찮은 문장을 만들어 낼 수 있는 능력이 생긴 것 같았다. 그러면서 공헌문장을 만든다는 것은 참으로 중요한 일이라는 것을 깨달았다. 만일 자신이 공헌문장 만들기의 달인이 된다면 삶에 큰 변화가 일어날 수 있겠다는 생각도 들었다. 자신의 다양한 역할에 관련한 공헌문장을 만들면, 그 역할에 관련하여 올바른 방향으로 목표를 세우게 되어 에너지를 집중할 수 있을 것이다. 그러면 일에서나 삶에서 시간과 자원을 낭비하지 않고, 자신이 맡은 역할에서 높은 성과를 올리는 사람이 될 수 있을 것이라는 확신이 생겼다.

새로운 일에서의 공헌

　평소보다 일찍 집에 들어온 홍대리는 아내가 준비해 준 저녁식사를 마치고 자기 방 책상에 앉아 '성과를 올리는 사람들은 공헌에 초점을 맞춘다.' 라는 문장의 의미를 되새기며, 영업지점 금융자산투자상담사로서의 공헌문장을 만들기 위해 자문자답을 해봤다.

　"나는 누구인가?"

　"나는 금융투자회사 영업지점 금융자산투자상담사 이다."

　"나의 고객은 누구인가?"

　"나의 고객은 자신의 금융자산을 늘리기 원하는 사람들이다."

　"나는 고객에게 어떤 가치를 제공해야 하는가?"

　이번엔 바로 답이 나오지 않았다.

　'금융 투자 서비스를 제공한다?'

　'높은 투자 수익률을 제공한다?'

　확신이 서지 않았다.

　"이건 내가 결정할 문제가 아니야. 답은 고객에게 있는 거야."

홍대리는 주변 지인들에게 금융자산투자상담사에게 무엇을 바라는지를 물었다. 대부분은 높은 투자 수익률과 더불어 안정성을 원했다. 예상하지 못했던 답변으로는 '자신의 자산을 관리하는 즐거움을 만들어 주기 바란다'는 내용도 있었다. 이렇게 다양한 의견을 종합하여 만든 공헌문장은 다음과 같다.

공헌문장을 정리하고 나니 조직성과에 공헌하기 위한 자신의 책임이 명확해진 느낌이었다. 홍대리는 공헌문장에 근거하여 해야 할 일이 무엇인가를 고민하고, 구체적인 목표로 설정해봤다.

- 금융자산 투자 관련 지식을 습득하기 위한 사내 외 교육 프로그램을 수강한다.
- 국내 최고 CS(고객만족) 교육과정을 이수한다.
- 언제라도 도움을 받을 수 있는 분야별 멘토를 만든다.
- 고객 심리를 이해할 수 있는 도서 10권 읽고 정리한다.
- 자산 관리를 하게 되면 홍대리를 통해 하겠다는 잠재 고객을 100명 확보한다.

공헌문장을 완성하고 이번 년도 내에 달성해야 할 목표까지 세우자, 긴 터널의 끝에서 빛의 줄기를 볼 때의 기분이었다.

'이제 공헌에 초점을 맞추고 세운 목표 달성에 에너지를 집중하면 되겠구나.'

홍대리는 즉시 각각의 목표를 달성하기 위한 계획을 세우기 시작했다. 시간 가는 줄 모르고 작업을 하다보니 어느새 동이 트고 있었다.

'내게도 아직 이런 열정이 남아 있다니!'

한숨도 자지 못한 상태로 출근한 홍대리는 잠깐잠깐 눈이 감겼지만, 지난 새벽만 생각하면 가슴이 쿵쾅댔다. 최대한 빨리 계획을 실천하고 싶은 조바심이 생겼다. 우선 인터넷을 통해 CS 교육과정을 검색해봤다. 마침 한 주 뒤에 시작하는 영업사원 CS 교육과정(매주 금·토요일에 실시하는 3개월 과정)이 있어 등록을 했다. 내친김에 고객 심리 분석에 관련한 도서까지 검색하여 살펴보고, 당장 끌리는 몇 권의 책을 주문했다.

그러던 어느 날 문득 처가 친척이 되는 분 가운데 금융투자 회사에서 임원으로 계신 분이 있다는 것이 생각났다. 그분은 오랫동안 펀드 매니저로 일하셨는데, 탁월한 실적으로 조직에서 인정을 받아 임원이 되었고, 인격적인 면에서도 훌륭하단 평가를 받는 분이라는 사실을 처를 통하여 확인할 수 있었다. 이 분이라면 왠지 최고의 멘토가 되어 줄 것이라는 생각이 들었다. 그러나 한 번도 왕래가 없던 먼

친척이라 어떻게 연락을 해야 할지 고민이 됐다. 그래도 용기를 내어 직접 연락하는 것 밖에는 달리 방법이 없었다. 홍대리는 메일을 보냈다.

안녕하세요. 저는 열린투자금융사 분당 영업지점에 근무하고 있는 홍반석 대리 입니다. 그리고 저의 처는 상무님의 처 사촌 조카, 나예은입니다. 그 간에 특별히 찾아 뵐 기회는 없었지만, 처가 쪽의 훌륭한 어른이시라는 얘기를 들었습니다. 다름이 아니라 저는 회사 기획팀에서 일 하다가 최근에 영업지점에서 금융자산투자상담사로서 일하게 되었습니다. 제가 자원한 일이지만, 새로운 일에 대한 경험과 지식이 없어서 어떻게 해 나가야 할 지 막막한 상태에 있습니다. 이런 상황에서 올바른 길을 안내 해 줄 멘토가 필요하다는 것을 절실히 느끼고 있습니다. 상무님께서는 금융자산투자에 관한 실무 경험도 많으시고, 공부도 많이 하셔 그 분야 최고의 전문가로서 존경 받고 있다고 들었습니다. 상무님께서 저의 멘토가 되어 주신다면 큰 영광이고, 저의 새로운 도전에 가장 큰 힘이 될 것입니다. 급한 마음으로 인사도 드리기 전에 어려운 부탁을 드리는 무례를 범하였습니다. 가능한 빠른 시일 안에 꼭 찾아 뵙겠습니다. 항상 건강하게 지내시길 바랍니다.

홍반석 올림

    한편으로 홍대리는 본격적인 영업 업무에 앞서 잠재 고객의 목록을 작성하고, 선배들에게 조언을 구하며 목록에 있는 사람들을 만나기 위한 계획을 세웠다. 공헌에 초점을 맞춰 설정한 목표를 달성하기 위해 계획을 세우고 여기 저기 뛰어다니다 보니 순식간에 한 달이 지나갔다. 어떻게 시간이 흘러갔는지 모를 정도로 정신 없이 시간이 지났지만 한 달 동안 정말 열심히 살았다는 생각에 가슴이 뿌듯했다. 물론 첫 달 실적은 없었지만 이제야 진짜 출발선에 선 기분이었다.

성과를 올리는 사람은
공헌에 초점을 맞춘다.

우리의 사명, 고객,
고객이 원하는 가치,
그리고 우리의 결과,
계획은 무엇인가?

나는 ______________
______________ 로서
______________ 에게
______________ 을 제공한다.

제 **4**장

시간관리를 잘하는 홍대리

할 일은 많고 시간은 없고

첫 달 실적은 없었지만 오히려 잘 할 수 있다는 자신감이 생겼다. 고객을 만날 때마다 공헌문장을 상기하며 더 높은 공헌을 하겠다는 마음으로 고객을 만나기 시작하자, 조금씩 실적이 늘어나고 새로운 고객과의 관계가 생기기 시작했다.

"정말 열심히 하시네요. 느낌이 좋습니다. 언제고 금융 자산을 관리할 일이 있으면 꼭 홍대리님에게 맡기겠습니다."

고객이 노력을 인정해 줄 때면 짜릿한 기분이 들었고, 발전적 결과가 눈에 보이면서부터는 뭔가 해낸 것 같은 성취감에 잠이 잘 오지 않을 정도였다. 입사한 이후에 이렇게 즐거운 마음으로 일한 것은 처음이 아닐까 할 정도로 하루하루가 흥분된 심정이었다. 매일매일 새로 충전된 마음으로 움직이니 열정도 식지 않았다. 이 속도라면 금방이라도 온 세상을 정복할 수 있는 기세였다. 실적도 생기고 관리해야 할 고객이 늘어나면서 불안감도 없어지고 안정적으로 일을 할 수 있었다. 새로운 업무를 시작하면서 가지고 있던 걱정은 어느 정도 해소되었다.

하지만 안정감을 느낀 것은 잠깐 이었고, 또 다시 홍대리는 새로운 고민에 빠졌다. 고객이 늘어나면서 점점 할 일이 많아진 것이다. 처음에는 일이 많아지는 것이 하나의 성취감이었지만, 매일 야근을 해야 할 정도로 그 양이 많아지자 홍대리는 열정만으로 해결할 수 없는 문제임을 깨달았다. 하지만 당장 할 일이 너무 많아 그런 고민을 할 여유조차 없었다. 끝없이 파도가 밀려오듯 한 가지 일을 끝내면 더 큰 일이 기다리고 있었다. 이런 식으로 가다간 결국 한 가지 일도 제대로 하지 못하게 될 것 같은 불안감마저 생겼다.

그러던 중 신입사원 교육에서 들었던 톱날을 갈지 않고 톱질하는 사람의 이야기가 떠올랐다.

깊은 산 속에서 나무를 열심히 베고 있는 사람이 있었다. 그는 비 오듯 땀을 흘리며 힘들게 톱질을 하고 있었다. 마침 그곳을 지나는 사람이 그 모습을 봤는데, 톱의 날이 너무 무디어져 있어 도무지 일에 효율이 없어 보였다. 그는 안타까운 마음으로 말을 건넸다.

"이보시오, 잠시 시간을 내어 톱날을 갈고 하는 것이 어떻겠습니까?"

그러자 그 작업자는 귀찮은 듯 퉁명스럽게 말했다.

"내가 지금 톱질하기도 바쁜데 한가하게 그럴 시간이 어디 있습니까!"

'내가 바로 그 무딘 톱을 갈지 않고 일하는 사람이지 않을까? 톱날을 갈 듯, 지금 내가 해야 할 노력은 무엇일까?' 홍대리는 스스로에게 질문을 던졌다. 그 순간, 피터 드러커를 찾는 게 좋겠다는 예감이 들었다. 시간관리에 대한 이야기가 책에 있었기 때문이다. 책을 꺼내 들고 간절한 마음으로 그 부분을 읽고 정리했다.

피터 드러커는 자신이 관찰한 바로, 높은 성과를 올리는 사람은 일을 시작할 때 계획을 수립하는 것에 앞서 그 일에 실제 사용할 수 시간을 파악하는 것부터 시작한다고 말한다.

그 동안 일하면서 열심히 계획을 세우고 일을 추진해왔지만 많은 일들이 계획대로 되지 않았다는 사실이 떠올랐다. 생각해보니 실제로 사용할 수 있는 시간을 제대로 고려하지 않았기 때문에, 계획은 잘 세웠지만 결과를 만들지 못한 일이 많았다는 것을 깨달았다.

　피터 드러커는 인간에게는 여러 가지 감각이 있지만 그 중에서 시간 감각을 믿을 수 없는 감각이라고 말한다. 또 시간을 관리하기 위해서는 자신이 어떤 일에 시간을 얼마만큼 쓰고 있는지에 대한 정보를 알고, 거기에서 출발해야 한다고 한다. 피터 드러커가 말하는 시간관리 절차는 1. 3주 정도의 시간을 기록하고 분석하기, 2. 낭비가 되거나 불필요한 시간 제거하기, 3. 중요한 일에 집중할 수 있는 연속적으로 활용할 수 있는 시간 만들기 이다.

시간을 기록하라

시간을 관리하기 위해 제일 먼저 할 일은 내가 시간을 어떻게 쓰고 있는지를 아는 데서부터 시작해야 한다. 금전을 관리할 때에 당연히 수입과 지출을 기록하고 있는 것처럼 자신이 시간을 어떻게 쓰고 있는지를 알지 못하면서 시간을 관리한다는 것 자체가 넌-센스이다. 사실 사람들은 금전의 지출과는 비할 수 없을 만큼 수없이 많은 시간을 쓰고 있다. 그런 시간을 기록하지 않고 관리한다는 것은 불가능한 일이다.

'좋아, 우선 시간을 기록하자.'

홍대리는 실천 의지를 다졌다. '안 그래도 바쁜데, 내가 과연 하루 종일 시간을 기록할 수 있을까? 걱정은 됐지만, 일단 계획한 대로 시간 기록을 하기로 했다. 시간과 내용을 적을 수 있는 기본적인 양식을 만들고 아침부터 시간을 구분하여 기록했다.

〈 홍대리의 하루 기록 〉

시간	양	내용	비고
00:10-06:00	5:50	Sleep	
06:00-06:15	15	전일 해외 증권 동향 및 이슈 확인	
06:15-06:50	55	출근 준비	
06:50-07:30	40	이동	
07:30-07:50	20	아침 식사 및 신문 훑어 보기	
07:50-08:10	20	국내 증권사 리포트 점검	
08:10-08:30	20	지점 회의	
08:30-08:50	20	주식 스터디 모임 채팅, 주가 예상	
08:50-08:57	7	티 타임	
08:57-11:30	2:33	시장 상황 주시, 매매, 고객 통화	
11:30-12:00	30	점심 식사	
12:00-15:00	3:00	매매, 투자 권유	
15:00-16:00	1:00	당일 시장 분석	
16:00-16:30	30	고객 잔고 파악	
16:30-17:30	1:00	내방 고객 상담	
17:30-18:00	30	이동	
18:00-20:00	2:00	투자자 모임 참석	
20:00-21:30	1:30	맥주 집에서 뒤풀이	
21:30-22:40	40	귀가	
22:40-23:00	20	씻고 잘 준비하기	

유난히 바쁜 하루를 보내고, 밤 열한 시가 다 되어서야 여유가 생겼다. 하루 동안 기록한 내용을 살펴봤다. 우선 걱정과 다르게 시간을 기록하는 것이 어렵지는 않았고, 해야 할 일을 하는데 방해가 되지 않았다. 오히려 시간을 기록하며 내가 무엇을 하고 있고, 무슨 일을 해야 하는지를 의식하면서 시간을 보내니 시간 낭비 없이 일에 집중할 수 있었다. 평소보다 많은 일을 만족스럽게 해낼 수 있는 날이 된 것이다.

홍대리는 피터 드러커의 권유대로 3주의 시간을 기록하기 위해 노력했다. 때때로 시간을 기록하는 것을 잊어 버려 지나간 시간을 기억해 한꺼번에 쓰느라 고생했고, 실제로 그 일을 그 시점에 기록하지 않으면 안 된다는 것을 깨달았다. 그렇게 꾸준하고 성실하게 3주 동안 자신의 시간을 기록했다. 홍대리는 두께가 느껴지는 종이 꾸러미를 만지면서 큰 일이라도 해낸 사람처럼 어깨를 으쓱였다. 이제 할 일은 그간의 기록 내용을 종합하고 분석하는 일이었다. 여러 다양한 일을 하면서 보낸 시간 기록을 종합하는 게 생각보다 어렵고, 시간도 많이 걸렸지만, 종합된 내용을 살펴보는 것은 흥미진진한 일이었다.

〈 홍대리의 시간 기록 분석 〉

항목	시간	내용	평가
출퇴근	왕복 80분	자거나 무료 신문을 봄	약 ½의 시간을 낭비
지점 회의	1일 30분	매일 쫓기 듯이 진행됨	
개장 전 준비	1일 20분	주식 스터디, 모임 체킹, 주가 예상 활동	
주식 시장 대응	1일 3시간	시장 주시, 매매, 고객 통화 (상담 및 투자 권유) 등	시간 기록을 세분화 할 필요 있음
고객 데이터 분석 및 정리	1일 30분		충분한 시간을 할애 하고 있지 못함
고객 방문 미팅	1회 3시간	이동 시간이 많고 실제 대면 시간은 평균 30분 정도임	실질적이지 못함
주식 스터디 포럼	1회 8시간	월 1회 참석	
회식	1회 평균 3시간	주 1회 정도 회식자리에 참석하고 있음	꼭 참석하지 않아도 되는 자리도 있음
TV	주말에 5시간	주말에 TV를 너무 많이 봄	대부분 낭비 시간임
수면	평일 6시간	취침 시간이 규칙적이지 못함 주말에는 너무 늦게 자고 늦게 일어남	

낭비 요소를 제거하라

홍대리는 시간 기록을 분석하여 종합한 결과를 보면서, 절로 '아' 하는 소리가 나왔다. 자신이 생활하고 있는 모습을 한 장의 종이로 볼 수 있다는 것이 신기했다. 전혀 의식하지 못한 일에 시간을 쓰고 있는 것도 알 수 있었고, 어떤 일에는 자신이 생각한 것보다 훨씬 많은 시간이 사용된 것도 놀라웠다.

피터 드러커는 시간을 기록하고 분석한 후에 할 일은 시간을 낭비시키는 비생산적 활동을 찾아내어 그것들을 제거하는 것이라고 말한다. 첫 번째로 제거해야 할 것은 전혀 할 필요가 없는 일, 즉 완전히 시간 낭비적인 일이다. '만일 이 일을 시작하지 않았더라면 어떤 일이 일어났을까?' 라는 질문을 하고, 그 답이 '아무 문제없다.' 이면, 그 일을 당장 그만두어야 한다는 것이다.

홍대리는 피터 드러커가 제시한 첫 번째 질문에 따라 시간낭비 활동을 제거했다. 자신이 기록하고 분석한 내용 중에 불필요한 일이라고 판단되는 시간이 적지 않다는 것을 보면서 놀라지 않을 수 없었다. 그동안 바쁘게 지냈던 시간의 원인 중에 한 가지가 전혀 하지 않아도 될 일을 하고 있었기 때문이라고 생각하자 한대 맞은 느낌이 들었다. 피터 드러커는 지식근로자 가운데 자신의 업무 시간의 4분의 1에 해당하는 잡다한 비핵심적 업무들을 내다 버려서는 안 되었던 사람을 한 명도 본적이 없다고 했는데, 홍대리는 자신 역시 예외가 아니었다는 사실을 확인할 수 있었다.

피터 드러커는 두 번째로 제거해야 할 비생산적 활동으로 나의 시간 기록 내용 중에 다른 사람이 나보다 더 잘 할 수 있었던 일이라고 말한다.

홍대리는 자신이 하고 있는 일 가운데 몇 가지 일은 굳이 자신이 하지 않아도 되는 일이라는 결론을 내릴 수 있었다. 우선 매월 1회 꼬박 참석해온 금융자산 관리자 포럼에는 참석하지 않기로 했다. 그 포럼에 함께 참석해온 영업지원팀의 오대리를 통해서 주요 정보를 확인하면 충분하다는 판단이 됐기 때문이다. 내친김에 홍대리는 오대리를 만나 자신의 의견을 전달했다.

오대리는 혼자 참석하게 되는 것에 대해 아쉬워했지만 홍대리의 뜻을 따라 도움을 주기로 했다. 이런 식으로 몇 가지 일들을 조정을 하니까, 생각보다 많은 시간을 확보할 수 있었다.

피터 드러커는 '권한위임'의 본질에 대해서 중요한 일에 집중하기 위한 시간을 확보하기 위한 것이라고 말했다. 즉 자신이 해야 할 중요한 일에 집중하기 위해서 자신이 하지 않아도 되는 일을 다른 사람에게 넘기는 것이다.

홍대리는 언젠가 참여한 교육에서 권한위임(empowerment)이란 리더십의 한 가지 요소로 부하 직원의 동기를 부여하기 위한 방법으로 배웠는데, 그 본질을 이해하는 순간, '아' 하는 깊은 감탄사가 나왔다.

피터 드러커는 세 번째로 제거해야 할 비생산적인 활동으로 내가 하는 일 가운데 다른 사람에게 아무런 도움을 주지 못하고 오히려 다른 사람의 시간을 낭비하게 하는 일을 찾아 그만 두라고 한다.

자신이 다른 사람의 시간을 낭비하고 있는지의 여부는 자신이 기록한 시간기록 정보를 통해서 정확히 파악할 수 없다. 내가 아닌 다른 사람에게 직접 물어 보는 것이 사실을 알 수 있는 유일한 방법이라는 것을 알게 된 홍대리는 용기를 내어 주변 동료와 후배, 상사에게까지 물어보았다. 처음엔 무조건 그런 것 없다는 반응을 보였다. 아무래도 대답하기 곤란한 질문이었지만, 솔직히 말해 달라고 재차 질문을 했고, 다행히 그런 일은 없다는 것을 확인할 수 있었다.

홍대리는 피터 드러커가 권장한대로 한 달간의 시간 동안 시간을 기록하고 분석하여 낭비 시간을 제거하기 위한 노력을 했다. 그 결과로 거의 30%에 가까운 시간이 버려졌고,

그 만큼의 시간이 남게 되었다. 시간관리 노력을 통해 불필요한 시간을 버리는 과정을 돌아보니 당초 예상했던 것보다 훨씬 더 큰 결과가 만들어진 것 같았다. 자동차에 기름이 아직 충분히 남은 것 같은 여유가 생기는 듯 했다.

피터 드러커는 시간관리의 마지막 단계는 가능한 한 시간을 연속적으로 묶는 일이라고 말한다. 지식근로자들이 해야 할 일은 대개 질적 목표이기 때문에 일정 시간을 연속적으로 사용해야 한다. 예를 들어 보고서의 초안을 작성하는 데 평균 일곱 시간이 걸린다고 가정하면, 그 일곱 시간을 연속적으로 사용하며 집중해야 보고서 초안을 완성할 수 있다. 시간을 짧은 단위로 나누어 쓰다 보면 전체 시간을 다 투입해도 제대로 결과를 얻을 수 없다는 것이다.

그동안 하다만 일이 참 많았다는 사실에, 홍대리는 깊은 한숨을 내쉬었다. 시간관리의 3단계를 살피고 나서 시간관리란 중요한 일에 집중하기 위한 시간을 만들어 내는 것을 목표로 하는 활동이라는 것을 깨닫게 되었다. 늘 시간이 없다는 것은 아예 화장실 갈 시간도 없다는 얘기라기보다는 중요한 일에 집중할 수 있는 연속적 시간을 만들지 못한다는 의미이고, 시간관리 노력을 통해 바로 그 시간을 만들어야 한다는 것이다.

피터 드러커는 생산적인 반나절 혹은 2주일의 시간을 손에 넣기 위해서는 엄격한 자기관리가 필요하고, 또한 'No'라고 말 할 수 있는 강철 같은 결심이 필요하다고 말한다.

홍대리는 피터 드러커가 매년 여름만 되면 2주일간의 시간을 할애해서 자신의 중요한 성과에 관련하여 피드백 분석을 했다는 얘기가 문득 생각났다.아마도 피터 드러커는 자신에게 중요한 시간을 만들기 위한 엄격한 자기관리 노력을 했으리라 짐작이 됐다. 홍대리는 피터 드러커가 말하는 시간관리의 본질을 정리해봤다.

일 하는 사람들이 자신의 고객을 만족시키는 높은 성과를 올리기 위해서는 많은 시간을 중요한 일에 집중해야 한다. 그러나 현대 조직에서 일하는 지식근로자에게는 그런 시간이 좀처럼 주어 지지 않는다. 그러므로 강철 같은 마음으로 시간 낭비 요소를 제거하는 노력을 통해 중요한 일에 집중할 수 있는 시간을 만들어 내야 한다.

돌이켜보니 그동안 나름대로 시간관리를 한 적도 있었는데, 아이러니하게도 시간이 없을 때는 시간관리를 생각도 못했던 것 같고, 오히려 시간 여유가 생겼을 때에 주로 자투리 시간을 활용하는 정도의 노력을 해 온 것 같았다. 사실 많은 사람들이 자투리 시간을 관리하면서 스스로가 시간관리를 잘 하고 있다고 생각하며 뿌듯해 하고 있다고 생각하니 갑자기 피식 웃음이 나왔다. 피터 드러커가 말 한대로 지속적인 노력이야말로 시간관리에서 가장 중요한 본질이라는 것을 새삼 깨닫게 됐다.

피터 드러커는 회소 자원인 시간을 관리하지 못하는 사람은 아무것도 관리하지 못한다고 말하며 자신의 시간을 스스로 분석하는 것은 자신에게 정말 중요한 것이 무엇인지를 생각하게 하는 쉽고 체계적인 방법이라고 강조한다.

홍대리는 세상을 구성하고 있는 사람들은 결국 삶에서든 일터에서든 한정적인 자원인 시간을 누가 잘 관리하느냐, 즉, 누가 자신에게 필요한 시간을 만들어내느냐의 경쟁을 하고 있다는 것을 깨닫게 되었다. 결론적으로 자신에게 필요한 시간을 만들어 내기 위한 활동이 시간관리이며, 그것은 누구나 노력하기만 하면 할 수 있다는 것이다.

중요한 일에 집중하라

여기까지 시간관리의 단계를 정리한 홍대리는 앞으로 시간관리를 잘 할 수 있을 것 같은 생각에 가슴이 뿌듯해졌다. 그러면서 동시에 드는 한 가지 의심은 아무리 시간관리를 잘한다 하더라도 중요한 일이 너무 많으면 한계가 있지 않을까였다. 그러한 생각이 들었지만 깊이 고민을 하기도 전에 「프로페셔널의 조건」에서 스쳐 지나가듯 읽었던 해리 홉킨즈의 이야기가 생각났다.

2차 세계대전 당시 미국의 프랭클린 루즈벨트 대통령의 측근 참모였던 해리 홉킨즈(Harry Hopkins)는 죽을 병에 걸렸지만 전시 상황에서 퇴직할 수 없었다. 하지만 몸의 상태가 너무 안 좋아 격일로, 그나마도 몇 시간 정도 겨우 일할 수 있었다. 그래서 그는 진짜로 중요한 일 이외의 일은 하지 않았다. 그럼에도 그의 업무성과는 떨어 지지 않았고, 오히려 어느 누구보다도 많은 일을 해냈다.

전시 상황이라 모든 사람이 다 정신 없이 일을 했을 텐데,

남들보다 적은 시간을 쓰고 어떻게 더 많은 일을 해 낼 수 있었을까? 이 질문에 대한 답이 할 일은 많고 시간이 없어 쫓기는 삶을 사는 사람들에게 중요한 팁이 될 것 같은 생각이 들었다. 그 답은, 진정으로 중요한 일만 했기 때문이다. 너무 당연한 이야기라는 생각에 약간 허탈한 생각이 들었지만, 이내 피터 드러커의 말이 옳다는 것을 알 수 있었다. 제아무리 시간을 잘 관리해서 중요한 일에 집중할 수 있는 시간을 만들어낸다 하더라도, 중요한 일이 많으면 또 다시 할 일은 많고 시간은 없는 상황이 될 것이다. 그러므로 중요한 일이 많을 수 있겠지만 그 중에서도 우선순위를 정해 가장 중요한 일에 집중해야 한다는 것이다. 그러한 노력만이 부족한 시간의 문제를 해결하는 유일한 방법이라는 것을 홍대리는 분명히 알게 됐다.

피터 드러커는 모차르트가 동시에 여러 작품을 작곡했음에도 그 곡들이 모두 걸작이 되었다는 사실을 말한다. 하지만 그것은 예외적인 이야기고 세상에 알려진 대부분의 천재 작곡자들은 한 번에 한 작품씩 작곡을 했으며 평범한 사람들이 모차르트처럼 되길 바랄 수는 없다고 말한다.

홍대리는 평범한 자신이 천재들도 하지 못한 일, 즉 동시에 여러 가지 일을 하면서 다 잘 될 것이라고 생각하는 것은 착각이고 오만이라는 것을 깨닫게 되었다. 홍대리는 '아, 맞아. 맞아.' 하는 깨달음의 기쁨으로 책에서 눈을 뗄 수 없었다.

피터 드러커는 시간과 노력, 그리고 자원을 집중할 수록 더 많은 일을 할 수 있기 때문에 한 번에 한 가지 일을 하면 오히려 더 많은 일을 빠른 시간 안에 처리할 수 있다고 말하며 성과를 올리는 사람과 그렇지 못한 사람을 비교하였다.

첫째, 성과를 올리지 못하는 사람은 일에 필요한 시간을 과소 평가하고 있는 반면에, 성과를 올리는 사람은 그 일에 필요한 시간 이상으로 시간을 잡는다. 둘째, 성과가 떨어지는 사람은 급히 서두르는 경향을 보이지만, 오히려 더 늦어

지는 결과를 만들고, 성과를 올리는 사람은 시간과 경쟁하지 않고, 편안한 속도를 유지하며 쉬지 않고 나아간다. 셋째, 성과가 낮은 사람은 여러 가지 일을 동시에 추진하지만, 어느 일에도 충분히 집중하지 못하고 있고, 추진 하는 일 중에 하나가 문제에 부딪치면 모든 일에서 문제가 된다. 반면에 성과를 올리는 사람은 한 번에 한 가지 일에 집중하고 있다.

홍대리는 지금껏 해당 일에 필요한 시간이 어느 정도인지에 대하여 생각하면서 일한 적이 없었다. 그냥 상사가 정해준 마감 시간까지 하면 된다고 생각을 했고, 그나마 일을 미루다가 마감 시간에 임박해서야 일을 해 왔던 자신의 모습을 떠올릴 수 있었다.

책의 내용을 읽고 정리하면서, 홍대리는 자신이 성과를 올리지 못하는 사람에 속한 다는 것을 단박에 알 수 있었다. 마음이 좋지 않았지만, 한편으로 변화의 가능성이 있다는 생각을 하면서 스스로를 위로할 수밖에 없었다.

피터 드러커는 중요한 일이 3가지 이상이라는 것은 중요한 일이 한 가지도 없다는 말과 같다고 하면서 제일 중요한 일을 먼저 하고, 그 다음 일은 생각도 말라고 강조한다.

사실 때때로 중요한 일이 무엇인지 알고 있지만, 그럼에도 여러 가지 이유로 다른 일에 매달려 온 것이 사실이다. 가장 먼저 해야 하는 일이 분명했지만 하고 싶은 일부터 먼저 해온 적이 많았다. 홍대리는 앞으로 중요한 일에 집중하겠다는 각오로 이 문장을 치즈포스터로 만들어 책상 위 벽면에 붙였다.

"지금 나에게 가장 중요한 일이 무엇인가? 그리고 가장 먼저 해야 할 일은 무엇인가?"

홍대리는 스스로에게 물었다.

지금 가장 중요한 일은 앞서 공헌문장을 통해 정리한 대로 영업지점 금융자산투자상담사로서 성과를 올리는 일이다. 그러기 위해 할 일이 많지만, 우선적으로 해야 할 일은 집중적이고 효율적으로 업무를 수행하기 위한 시스템을 만드는 것이라고 생각했다. 그렇게 당장 집중해야 할 과제가 결정되고 나니 마음이 뜨거워지는 것을 느꼈다. 홍대리는 목표가 분명해 질 때에 열정이 생긴다는 것을 다시 확인할 수 있었다.

제 **5**장

스마트하게 일하는 홍대리

갑작스럽게 생긴 일

홍대리는 시간을 기록하고, 낭비요인을 제거하며 한 번에
한 가지 중요한 일에 집중하는 습관을 가지게 되었다. 언제
나 할 일은 많았지만 가장 중요한 일에 집중하고, 자신이 하
지 않아도 될 일을 조정하면서 일을 추진한 결과로 큰 무리

없이 많은 일들을 수행할 수 있었다. 때때로 여유가 느껴질 때도 있었다.

그런 노력 덕분인지 고객 숫자도 점차 늘어났다. 금융 자산 관리를 하게 된다면 홍대리에게 맡기겠다는 잠재 고객의 숫자와 실제 투자를 위탁하는 고객의 숫자가 늘어난 것이다. 부서 이동을 하고 6개월이 지난 지금, 모든 것이 안정적으로 흘러가고 있었다. 영업지점에서도 홍대리의 빠른 적응과 발전에 놀라는 눈치였다. 이대로라면 모든 것이 잘될 것 같았다.

"홍대리, 많이 바쁘지?"

지점장님이었다. 홍대리는 지점장님의 물음에 머쓱한 듯 뒷머리를 긁적이며 대답했다.

"아닙니다. 오히려 바쁘게 움직일 수 있어 다행인걸요."

"분기별 실적 자료인데, 검토해 보고 우리 지점이 어떤 전략을 세워야 할지에 대해 보고서를 작성해봐. 본부장님께 보고해야 하는데, 아무래도 기획팀 출신인 자네가 맡아주면 좋을 것 같아서 말이야. 다음 주 월요일에 보고해야 하니까, 금요일까지 부탁해.”

“네. 알겠습니다.”

지점장님은 자신이 들고 있던 두툼한 자료집을 홍대리 품에 안겼다. 홍대리는 자리로 돌아오면서 오늘이 화요일이라는 것을 깨달았다. 주어진 시간은 고작 3일이었다. 이미 세워둔 일주일의 계획을 다시 짜야 했다. 불쑥 주어진 이 일을 어떻게 해결해야 할지, 스트레스가 극에 달하는 느낌이었다. 자리에 앉은 홍대리는 마음을 추스르고, 차분한 마음으로 명상을 하듯 한참을 고민했다.

“도대체 어디서부터 무엇을 어떻게 해야하지?”

부서 이동 후 지점장님이 시킨 첫 번째 일이었다. 잘하고 싶은 마음까지 겹치자 부담감이 커지기 시작했다. 시간이 조금만 더 있으면 좋겠다는 마음이 들었지만, 어쩔 수 없는 일이었다.

'지점의 영업 실적과 추세를 분석하고, 최근에 나타나고 있는 소비자 트렌드 현상과 고객들의 요구 등을 정리하자. 그런 다음 우리 부서가 중단기적으로 채택할 수 있는 전략과 창의적 아이디어를 포함하는 보고서를 만들자.'

그 순간 피터 드러커가 말한 '효과적인 지식근로자는 자신이 맡은 일부터 검토하지 않는다. 사용할 수 있는 시간을 먼저 고려한다.'라는 문장이 생각났다. 반드시 해야 할 일을 제외하고 밤 11시까지 야근을 하는 것을 전제하고 나니, 실제로 일할 수 있는 시간은 12시간 정도였다. 가능하면 시간을 연속적으로 사용하기 위한 노력을 해야겠다는 마음을 먹었다. 우선 당장 해야 할 일들을 하면서 자투리 시간마다 노트를 꺼내어 목차를 만들고, 개략적인 내용을 정리하면서 하루를 보냈다.

종일 분주하게 뛰어다니다가 저녁 7시쯤 사무실 의자에

앉을 수 있었다. 홍대리는 앞으로 11시까지, 3시간 동안 쉬지 않고 집중을 해야겠다고 마음먹으며 지저분해진 책상을 정리했다. 그리고 나서 자투리 시간에 정리한 개요에 살을 붙이기 시작했다. 우선 자료를 찾지 않고 생각나는 대로 자신의 생각을 적어나갔다. 방해하는 사람도 없었고, 다행히 전화가 올 일도 없을 시간이라 쉼 없이 몰입할 수 있었다. 어느 정도 준비가 되어가니 마음에 안정이 생겼다. 학창 시절 늦은 밤까지 도서관에서 공부하다 집에갈 때처럼 뿌듯한 마음으로 사무실을 나왔다.

수요일은 예상치 않은 일이 생겨 근무시간 중에 보고서에 신경 쓸 겨를이 없었다. 하루가 끝날 무렵에야 겨우 시간을 낼 수 있었다. 몸은 피곤했지만 어제의 집중력을 기대하며 보고서 작성 업무를 시작했다. 그런데 어제와는 다르게 집중이 잘 안되고 졸음이 쏟아졌다. 그때마다 자리에서 일어나 간단한 체조를 했다. 지점장님이 주신 자료가 있었지만 추가 자료를 찾기 위해 인터넷을 검색해봤다. 급하게 자료를 찾는 것이 쉽지 않았다. 평소에 정보를 모아 놓지 못한 것에 대한 후회가 생겼다. 그러나 후회할 여유조차 없었다. 급한 대로 있는 자료와 정보를 바탕으로 보고서 작업을 진행했다.

밤 11시가 되자 보고서의 1/4정도가 정리되었다. 마음 같아서는 밤을 새워서라도 일을 끝내고 싶었지만, 내일의 컨디션을 생각해 오늘은 이쯤에서 끝내기로 했다. 오늘은 어제와 다르게 일의 결과가 만족스럽지 못해서 인지 마음이 편치 않았다.

목요일 아침, 평소보다는 30분 눈이 일찍 떠졌다. 아마도 보고서에 대한 걱정 때문에 몸까지 예민해진 것 같았다. 일찍 일어난 김에 평소보다 30분 일찍 회사에 출근해 하루의 계획을 세웠다. 오늘 할 일은 하되 몸의 컨디션을 끌어올리기 위한 노력을 해야겠다는 방침도 세웠다. 어쩌면 지식근로자에게 중요한 것 중에 하나는 스포츠 선수처럼 몸의 컨디션이라는 생각이 들었다. 당장 급한 일을 처리하고 틈틈이 보고서의 내용을 보면서 개선해야 할 점을 체크하며 하루를 보냈다. 저녁 무렵, 돌발 상황이 생겼다. 중요한 고객으로부터 긴급 상담 요청이 들어왔다. 거절할 수 있는 상황이 아니었다. 일을 마무리하지 못해 마음이 무거웠지만 고객을 만나러 갔다. 회사로 돌아오자 밤 9시가 되었다. 이제부터라도 집중을 해야겠다는 생각하고 보고서 작업을 시작했다. 새벽 4시경이 되어서야 보고서가 완성이 됐다. 만족스럽지 못했지만 더 이상은 못할 것 같았다. 사무실을 빠져나오며, '목표를 달성했다는 것은 시간이 다 되었다는 것을 의미한다.' 는 피터 드러커의 말이 떠올랐다. 노곤해진 몸을 이끌고 잠시 눈을 붙이기 위해 찜질방으로 향했다. 24시간 영업하는 찜질방이 있어 참 다행이라는 생각을 하며 잠이 들었다.

평소와 같은 시간에 출근한 홍대리는 자리에 앉아 보고서를 최종 검토하고 지점장님의 책상 앞으로 갔다.

"지점장님 그때 말씀하신 보고서입니다."

"시간 없었을 텐데 고생 많았겠네. 그럼, 읽어보고 나서 다시 얘기하도록 하지."

피드백 분석

보고서를 제출하고 나자 일을 끝냈다는 생각에 '후~' 하는 긴 숨이 흘러나왔다. 온몸의 긴장이 풀리는 듯했다. 지점장님은 더 이상 홍대리를 찾지 않았다. 보고서가 완벽했다기보다는 당장 본부장님께 보고를 해야 하는 상황이라 여유가 없었기 때문이었다. 홍대리는 그동안 보고서 작업 때문에 뒤로 미루어 놓은 일을 처리하느라 정신없는 하루를 보내다 저녁 9시가 되어서야 퇴근을 할 수 있었다. 집에 도착하자 온몸에 피로가 퍼지는 것을 느끼며 곧바로 쓰러져 잠이 들었다.

다음 날 홍대리가 일어난 시간은 오전 11시 30분이었다. 주말이라 다행이었지만, 아내가 깨우지 않았다면 그 시간에도 일어나지 못했을 것이다. 따듯한 물로 샤워를 하고 아내가 차려준 식사를 하고 나니 조금씩 정신이 드는 듯 했다. 지난 1주일이 정말 빠르게 지나갔구나 하는 생각에 다시 긴 한숨을 쉬었다. 앞으로도 이번처럼 짧은 시간에 높은 성과를 올려야 하는 일이 또 생길 게 분명했다. 평소에 준비를 해둬야겠다는 생각을 하다 「프로페셔널의 조건」에서 피터 드러커가 자신의 인생을 바꾼 일곱 가지 경험 중 네 번째 경험인 '자신의 일을 정기적으로 검토하라.' 가 떠올라 그 부분을 찾아 읽고 내용을 정리해 보았다.

피터 드러커는 20대 초반에 독일의 유력 신문사에서 일했는데 당시 편집국장은 1년에 2번 토요일 오후에서 일요일 저녁까지 6개월 간의 성과에 대해 토론했다. 그 토론에서는 우리가 잘한 일부터 시작해서 우리가 잘 하려고 노력한 일, 우리가 잘하려고 충분히 노력하지 않은 분야, 그리고 우리가 잘못했거나 실패한 분야에 대해 논의했다. 그리고 마지막 2시간 동안에 앞으로 6개월 동안 해야 할 일에 대해 계획을 했는데, 우리가 집중해야 할 일, 우리가 개선 해야 할 것, 우리들 각자가 배워야 할 것 등에 대해서 정리했다. 이후 피터 드러커는 자신의 주요 성과를 정기적으로 피드백 했는데, 줄곧 여름이 되면 2주일간 시간을 따로 할애해서 지난 1년 동안 자신이 한 일을 검토했다. 처음에는 자신이 비록 잘했지만 더 잘할 수 있었거나 또는 더 잘했어야 하는 일을 검토하고, 그 다음에는 자신이 잘못한 일, 마지막으로 자신이 했어야만 했는데도 하지 않은 일을 차례로 검토했다.

아마도 피터 드러커가 시대의 거장으로 성장한 데에는 자신의 중요한 성과를 점검하기 위한 지속적인 노력과 그런 시간을 만들기 위한 용기 있는 결단이 있었으리라는 생각이 들었다.

'이제부터 나도 중요한 성과에 대해서는 지속적으로 피드백 분석을 해야겠다.'

홍대리는 피드백 분석에 대한 부분을 정리하면서 새로운 결심을 했다. 우선 이번에 지점장님이 갑작스럽게 지시한 일을 처리하는 과정에 대해 피드백 분석을 실시해봤다.

〈 피드백 분석 〉

잘한 일
내가 쓸 수 있는 시간을 사전에 고려하고 계획을 세웠음.
보고서 제출 시간을 잘 지켰음.

잘했지만 더 잘했어야 한 일
보고서 내용의 근거를 더 자세하게 정리했어야 했음

잘 못한 일 또는 실패한 일
평소 정보를 수집하고 관리하지 못한 일.
일하는 동안 최고 수준의 집중력을 발휘하지 못함

그 이유
미처 생각을 못하고 있었음.

집중해야 할 일
개인 정보관리 시스템을 만드는 것

개선해야 할 일
갑작스럽게 생긴 일에 불평을 하기 보다는 긍정적으로 생각하기

배워야 할 것
집중할 수 있는 업무 환경을 만드는 방법 (정보관리)

짧은 시간이었지만 피드백 분석을 하고 나니 보람찬 느낌이 들었다. 다음에는 당황하지 않고 잘 할 수 있으리라는 자신감도 생겼다. 내친김에 효율적으로 일할 수 있는 정보관리 시스템을 만들기 위한 노력을 당장 시작하기로 마음 먹고 모처럼만에 대형 서점에 가보기로 했다.

집중할 수 있는 환경을 만들기

토요일 오후라 그런지 서점은 이미 많은 사람들로 붐비고 있었다. 원하는 책을 찾기 위해 분주히 돌아다니는 사람, 느린 걸음으로 여기저기에 놓인 책을 살펴보는 사람. 아예 바닥에 앉아 책을 읽고 있는 사람, 사람을 기다리면서 책을 보고 있는 사람 등 다양한 모습이 눈에 들어왔다. 조용한 분위기였지만 저마다 마음 속에 열정이 끓고 있는 듯한 모습에 용광로 같다는 생각을 하면서 홍대리는 책을 살피기 시작했다. 「청소력」이라는 제목이 특이한 책을 발견하고는 직감적으로 뭔가 있을 것 같아 꺼내 들었다. 분량이 적고, 내용이 단순했지만 지금껏 알지 못했던 새로운 힘에 대한 얘기가 들어있었다. 홍대리는 그 책과 정보관리에 관련한 책 몇 권을 더 샀다. 그리고 집으로 돌아오는 지하철에서 「청소력」을 다 읽었다.

「청소력」의 저자 마쓰시다 마쓰히로는 한 때 잘 나가는 사업가였다. 그는 한 번의 판단 착오로 사업에 실패했고,

그로 인해 모든 것을 잃게 되었다. 수억 원의 빚이 생겼고, 사랑하는 아내도 그의 곁을 떠나버렸다. 연이은 충격과 실망으로 무기력해진 그는 1년 동안 집에만 틀어박혀 폐인 생활을 했다. 그러던 어느 날 청소 회사에 다니는 고교 동창생 친구가 그를 찾아왔다. 엉망이 된 방과 지저분한 그의 모습을 보고, 친구는 방 청소를 시작했다. 마지못해 친구를 따라 청소를 하게 된 마쓰다 마쓰히로는 예상치 못한 상쾌한 기분을 맛보게 되고, 그 일을 계기로 새로운 도전을 시작하게 되었다. 그는 현재 베스트 셀러 작가로, 또한 청소의 힘을 전파하는 강사로, 기업 환경 정비 컨설턴트로, 청소업 사업가로 크게 성공한 사람이 됐다.

그는 "삶을 변화시키기 위해 가장 먼저 해야 할 일은 깨끗한 방을 만드는 것 입니다. 당신에게 꼭 필요한 20%만 남기고 모두 버리세요."라고 말했다. 방이 깨끗해지고, 단순해지면 그 방에 긍정적 기운이 넘치게 돼 마음이 새로워져 의욕이 생기고, 중요한 일에 집중하는 발전적 행동을 하게 된다는 의미이다.

「청소력」을 다시 읽으며 책의 내용을 정리한 홍대리는 우선 불필요한 물건들을 과감하게 버리기로 마음먹었다. 막상 버리려고 하자 무엇부터 버려야 할 지 선뜻 행동에 옮겨 지지 않았다. 그래서 일단 버려야 할 것 목록을 작성해 보았다. 버려야 할 것 목록을 '회사 책상과 나의 업무 공간에서 버릴 것', '노트북 컴퓨터에서 버릴 것', '집에서 버릴 것' 으로 나누어 적어 보기로 했다.

〈 홍대리의 버릴 것 목록 〉

구분	목록
회사	• 누군지 알지 못하는 명함 • 기획팀에서 썼던 해묵은 다이어리 • 나오지 않는 펜들 • 고장 난 스테플러와 기타 문구 • 책상 위에 있는 읽지 않는 책 • 해 지난 잡지 • 잘 기억나지 않는 교육 때 받은 교재 • 오래된 카타로그와 브로셔 • 전혀 사용할 일이 없는 서류 • 산발적으로 적어 놓은 메모 들
컴퓨터	• 수북하게 쌓인 이메일 • 길어진 즐겨찾기에서 불필요한 주소들 • 백업을 위해 중복 저장한 파일들 • 이제 보지 않을 것이 확실한 동영상 파일 • 전혀 관련이 없어져 버린 카페
집	• 지난 1년간 한 번도 매지 않은 넥타이 • 입지 않는 옷 • 신지 않는 신발 • 고장 난 우산 • 빨래를 걸어 말리고 있는 러닝 머신 • 다 쓴 프린터 토너 • 앞으로 결코 읽지 않을 것이라 확신할 수 있는 도서 • 오래 전에 정기 구독했던 잡지 • 학창 시절 쓰던 참고서 • 갖고 있지 않은 제품의 설명서

홍대리는 당장 버리고 싶은 욕구도 있었지만 현장을 살피면서 추가 목록을 기록했다.

'야, 버릴 게 이렇게 많았구나.' 하는 감탄이 절로 나왔다.

목록에 추가할 것이 없는지 한번 더 살펴 본 후 목록을 가지고 다니면서 버리기를 시작했다. 때때로 '나중에 필요하면 어쩌지?' 하는 생각이 들 때도 있었지만 목록에 있는 것은 눈 딱 감고 모두 버렸다. 목록을 지워가며 버리고 나니까 마치 군살이 빠져 몸이 가벼워 지는 느낌이 들었다. 그리고 새로운 학년이 되었을 때 생겼던 새로운 마음도 생기는 것 같았다. 문득 「프로페셔널의 조건」에 이와 관련한 내용이 있었다는 생각이 들어 그 부분을 찾아 보았다.

피터 드러커는 효과적인 사람은 새로운 활동을 시작하기 전에 반드시 낡은 것을 먼저 정리한다고 말한다.

이 내용을 읽은 홍대리는 몸이 비만하면 움직임이 둔해지고 질병을 얻을 가능성이 커지는 것처럼 자신을 둘러싸고 있는 환경 역시 비만한 상태가 되면 자신이 목표하는 방향으로 나아가는 속도가 느려지고, 오히려 길을 잃게 될 가능성도 있다는 것을 깨닫게 됐다.

사실 이 문장을 처음 접했을 때에 홍대리는 특별한 느낌을 갖지 못했는데, 다시 읽을 때에는 '아, 이런 의미가 있었구나.' 하는 감탄이 절로 나왔다. 그러면서 피터 드러커의 책은 읽을 때마다 새로운 깨달음을 주는 지혜의 책이라는 생각이 들었다.

이후 몇 일간, 버리기 목록을 만들며 버리기 작업을 한 결과, 책상이 깨끗해지고 적어도 업무 공간에 불필요한 물건들이 없어 졌다. 하지만 정보관리에 관련한 책을 읽으면서 깨끗한 환경은 업무에 집중할 수 있는 필요 조건이지만 충분 조건은 아니라는 것을 알게 되었다. 일을 하다가 필요한 정보를 찾는데 시간을 보내고, 정작 일에 필요한 시간이 부족하게 된다면 집중력을 발휘할 수 없을 뿐더러 결국 높은 수준의 업무성과를 기대할 수 없게 된다.

홍대리는 필요한 정보 영역을 정하고, 그것을 기준으로 컴퓨터 내 폴더를 정해 자료를 정돈했다. 또한 낱장으로 관리가 가능한 삼공바인더를 준비해 여기 저기 흩어져 있는 정보를 정한 제목 별로 자료를 정리했다. 새로운 정보를 접했을 때 갈 곳이 있다고 생각하니 마음도 안정되었다. 이제 전열을 정비한 정보들이 마치 때를 기다리는 장수처럼 보였다. 이 과정을 통해 홍대리는 자신이 어떤 자료를 가지고 있는지를 알게 되었고, 일상을 통해 접하는 정보들을 체계적으로 관리할 수 있게 되었다.

〈 홍대리의 업무 관련 정보관리 범주 〉

- 고객별 정보	- 투자자 모임
- 산업별 트렌드	- 고객 만족 서비스 관련 자료
- 기업별 분석 자료	- 고객 심리 자료
- 주식 스터디 자료	

스마트 워킹

영업지점으로 배치를 받고 반년이 훨씬 지났다. 시간이 어떻게 흘러갔는지, 그 흐름을 느낄 새도 없이 모든 게 순식간에 지나가 버린 듯 했다. 홍대리는 스스로 잘할 수 있는 일을 하게 된 것을 기뻐하고, 그간 마음에 열정을 품고 노력했던 과정을 찬찬히 떠올렸다. 처음과 비교하면 여러 가지로 달라진 점이 많았다. 전혀 지식과 경험이 없었던 업무 전반에 대한 이해도 생겼고, 관리해야 할 고객도 제법 많아졌다. 그 결과로 영업 실적도 생겼고, 무엇보다도 꾸준한 시간관리 노력을 통해 낭비 없이 일하고 있다는 것도 과거와 비교하면 크게 달라진 점이다. 최근에 불필요한 물건을 버리고, 정보를 관리할 수 있는 시스템을 만들어 집중 할 수 있는 업무환경을 만들어 낸 것도 큰 발전이라 할 수 있다.

참 열심히 일했다는 생각이 들었지만, 한편으로는 불안함이 엄습했다. 가지고 있는 시간은 그대로인데 할 일은 점점 많아지고, 때에 따라서는 짧은 시간에 높은 수준의 목표를 달성해야 할 일도 종종 생겨, 단지 시간을 관리하고 일에 집중하는 것만으로는 한계가 있다는 생각이 들었다.

'조금 더 생산적으로 일하는 방법이 없을까?'

'생산적으로 일한 다는 것이 무엇일까?'

언제나 그랬듯이 고민을 시작할 때는 막막하지만, 일정 시간 이상 고민을 하면 그 답을 찾을 수 있다는 확신을 가지고, 일단 고민을 시작했다. 홍대리는 습관적으로 「프로페셔널의 조건」을 꺼내 읽기 시작했다. 책을 들썩이면서 무심코 드는 생각은 '효과적인 지식근로자' 로 시작하는 문장이 참 많다는 것이었다. 홍대리는 '효과적 지식근로자는' 으로 시작하는 문장을 찾아 읽던 중에 생산성 있게 일하는 방법에 대한 고민의 실마리를 제공하는 문장을 만나게 됐다.

피터 드러커는 효과적인 사람은 원칙과 방침을 가지고 단순히 원칙을 적용하는 식으로 문제를 해결하고 있다고 말한다. 일하면서 의사결정을 하기 위해 고민하는 문제들이 대부분 단순한 원칙 적용의 문제로 해결 된다는 말은 원칙을 가지고 있으면 고민이 필요 없다는 뜻이 된다.

'어쩌면 우리는 원칙만 적용하면 되는 문제를 괜하게 고민해 온 것이 아닐까? 굳이 고민하지 않고 원칙을 적용하면서 문제를 풀고, 일을 한다면 그야말로 짧은 시간 안에 높은 성과를 올리는 생산성을 만들 수 있을 것이다.'

홍대리는 머리 속이 시원해 지는 느낌이 들었고, 업무 수행에 관련한 원칙을 정리해 보기로 마음먹었다. 지금껏 의식하지 못한 원칙도 있을 것이다. 또한 「프로페셔널의 조건」 속에 있는 효과적인 지식근로자의 행동 특성을 바탕으로 업무 원칙을 정해봤다.

〈 홍대리의 업무 원칙 〉

- 목표 수준을 높게 설정한다.
- 업무 종료 후에는 반드시 피드백 분석을 한다.
- 밤 11시에 자고 새벽 5시에 일어난다.
- 일을 시작할 때 사용할 수 있는 시간을 고려하여 계획을 세운다.
- 할 일에 대해 마감일을 정해 둔다.
- 편안한 속도로 쉬지 않고 일한다.
- 중요한 것부터 먼저하고, 한번에 한 가지 일만 수행한다.
- 지속적으로 시간관리 노력을 한다.
- 평일에는 과음을 하지 않는다.
- 가장 중요한 일에 집중할 때 그 다음 일을 생각하지 않는다.
- 일을 시작하기 전 15분을 정리 정돈을 한다.
- 자투리 시간에는 불필요한 물건과 자료를 버린다.
- 고객에게 양방향으로 제시 하지 않는다.
- 상황이 나쁠 때 상사에게 즉시 보고한다.
- 일을 할 때 예상되는 결과를 명확하게 그려 놓는다.
- 일의 목적이 불분명한 경우에는 의뢰인의 목적을 충분히
  확인한 후 업무에 착수한다.
- 다른 사람의 요구는 자신의 일정을 조정한 뒤 업무를 수락한다.
- 의사결정시 반대의견을 의도적으로 유도한다.
- 의사결정시 결정을 하거나 아니면 결정을 하지 않는다.
  어중간한 결정을 하지 않는다.
- 그냥 놔두면 더 악화 될 것이 분명한 문제에 대해서는 반드시 의사결정을 한다.
- 최종적으로 판단한 사항을 다시 검토하지 않고 용기 있게 행동에 옮긴다.
- 협상 시에는 첫 번째 미팅에서 결정하지 않는다.

생각나는 대로 기록하고 다시 다듬어 가는 방식으로, 홍대리는 생각보다 많은 원칙을 정할 수 있었다. 지금까지 일하면서 쌓아온 모든 지식과 경험을 바탕으로 한 원칙을 세웠다고 생각하니 그간의 모든 업무 경험이 되살아나 스스로에게 힘을 주는 것 같았다. 조금 더 정리한 후 범주까지 나누고 나면 훌륭한 업무 지침서가 될 수 있을 것이라는 확신이 생겼다.

앞으로는 원칙에 입각해서 일하고 원칙에 따라 판단하기로 마음먹자, 큰 고민에서 해방된 사람처럼 마음의 평화가 생겼다. 물론 언제고 새로운 상황에 직면할 것이다. 그러면 그때의 경험을 바탕으로 원칙을 세우고 자신의 업무원칙에 포함시키면 된다는 생각을 했다. 일하면서 얻은 경험과 지식을 버리지 않고 잘 정리하여 놓았다가 필요할 때 다시 활용하는 것이야 말로 생산성 있게 일하는 방법이라고 생각했다.

필요한 물건을 찾느라 한참 시간을 보내게 되는 곳에서 생산성을 찾을 수 없는 것처럼, 지난 경험을 통해 쌓은 지식을 활용하지 못하고 다시 똑같은 문제를 고민하며 풀어간다면 그 또한 비생산적인 모습이다. 홍대리는 업무원칙 정리를 조금 더 확대하는 개념으로 체크리스트를 생각했다. 체크리스트 역시 원칙이 주는 생산성과 높은 성과를 보장해주는 시스템이 될 수 있을 것이라고 생각했다. 마음이 동한 김에 체크리스트가 필요한 목록을 뽑아봤다.

〈 홍대리의 체크리스트 목록 〉

- ☐ 출, 퇴근 체크리스트
- ☐ 고객 상담 체크리스트
- ☐ 기업 탐방 체크리스트
- ☐ 투자 선정 체크리스트
- ☐ 회의 참석 체크리스트
- ☐ 주요 업무 피드백 분석 체크리스트
- ☐ 자기 관리 점검 체크리스트
- ☐ 협상 체크리스트
- ☐ 교육 참가 체크리스트

다. 필요한 상황에서 체크리스트를 활용하면 고민하지 않고 빠르게 업무를 전개할 수 있을 것이다. 또한 잘 만들어진 체크리스트라면 높은 성과도 보장해 줄 것이라고 생각했다.

홍대리가 만든 첫 번째 체크리스트는 「프로페셔널의 조건」을 읽으면서 적용해왔던 경험들을 살리고, 지속적으로 실천할 수 있는 자기관리 체크리스트였다.

〈 홍대리의 자기관리 체크리스트 〉

☐ 강점을 바탕으로 성과를 올리기 위해 노력하고 있나?

☐ 때마다 공헌 문장을 만들고 올바른 목표를 세우고 있는가?

☐ 시간기록과 관리를 통해 연속적으로 집중할 수 있는 시간을 만들고 있나?

☐ 우선순위를 정하고 그 일에 몰입하고 있나?

☐ 지속적 버리기를 통해 깨끗한 책상과 환경을 유지하고 있나?

☐ 신속하게 문제를 해결할 수 있는 정보관리 시스템을 활용하고 있나?

☐ 업무원칙과 체크리스트 등을 통해 업무 생산성을 올리고 있나?

완성된 체크리스트를 보면서, 홍대리는 그동안 노력해왔던 일들을 지속적으로 유지할 수 있는 시스템을 스스로 만들었다는 생각에 뿌듯한 느낌이 들었다. 체크리스트를 가끔씩 읽어 보는 것만으로도 중요한 행동을 유지하는데 큰 도움이 될 것이라고 생각했다.

앞으로 집중해야 할 일과 더불어 평소 해야 할 일을 분명히 하고 나니 안정감이 생겼다. 다만 '이게 전부일까?' 하는 생각이 잠깐 스쳤다. 뭔가 2% 정도 부족한 느낌이었다. 다만 그것이 무엇인지는 알 수 없었다.

신이 보고 있다

오랜만에 여유가 생긴 홍대리는 책꽂이에 꽂혀 있던 「프로페셔널의 조건」을 꺼내 들었다. 해결해야 할 문제가 있을 때마다 답을 알려준 책이라고 생각하니 전보다 애정이 생기고 고마운 느낌이 들었다. 어느새 책은 낡아 있었다. 특별한 목적 없이 책을 꺼내서인지 어느 부분을 읽을지 감이 안 잡혔다. 그냥 무작정 편 곳은 피터 드러커를 성장시킨 일곱 가지 경험 중 두 번째, '신들이 보고 있다' 부분이었다.

고대의 그리스 조각가 페이디아스는 기원전 440년경 아테네 파르테논 신전의 조각 작품의 제작을 의뢰 받았다. 작품을 완성했을 때 아테네의 재무관은 페이디아스의 작품료 지불을 거절했다. "조각들은 신전의 지붕 위에 세워져 있고, 신전은 아테네에서 가장 높은 언덕 위에 위치해 있다. 따라서 사람들은 조각의 전면 밖에 볼 수가 없다. 그런데도 당신은 조각 전체 값을, 다시 말해 아무도 볼 수 없는 조각의 뒷면 작업에 들어간 비용까지 청구했다. 어떻게 생각하는가?" 이에 대해 페이디아스는 "아무도 볼 수 없다고? 당신은 틀렸어. 하늘의 신들이 볼 수 있지." 라고 대꾸했다.

"그래 바로 이거야"

열심히, 그리고 최대한 생산적으로 일하면서도 무엇인가 부족했다고 느낀 그 2%의 답을 찾은 것이다. 홍대리는 "그래 바로 이거야."를 다시 외치고는 두 주먹을 불끈 쥐었다. 깊은 고민에 대한 답을 찾을 때 느끼는 기쁨에 마음이 설레었다.

홍대리는 영업 업무를 시작한 후에 어떤 마음으로 일을 해왔는지 생각해봤다. 신입사원이라는 마음으로 업무에 임했고, 뒤늦게 시작한 일인 만큼 남들보다 몇 배 더 열심히 해야겠다고 각오를 다지며 최선을 다한 시간이었다. 비록 신이 보고 있다는 생각으로 일하지는 않았지만, 만일 그렇게 생각했다고 해도 지금보다 더 열심히 일을 해 오진 못했을 것이란 생각이 들었다. 하지만 '이 정도면 됐어. 누구도 이렇게 까지는 못했을 거야.' 라는 생각은 버리고, '신이 보고 있다' 는 생각으로 업무에 임하기로 다짐했다. 홍대리는 '신이 보고 있다는 마음으로 일한다.' 를 업무 원칙에 포함시키고, 치즈포스터를 만들어 책상 주변에 붙여 놓았다.

막연하지만 최고 수준의 목표는 고객을 만족시키는 성과를 만들고, 그 성과는 높은 평가와 보상을 가져다 주고, 높은 평가는 자신감과 능력을 갖게 해주어 다시 더 높은 목표를 달성하여, 고객과 조직에 더 크게 공헌하며 성장하는 선순환의 원을 만들어 갈 것이라고 생각했다. 그리고 그 과정이야 말로 자신을 성장시키며 자기실현을 할 수 있는 기회라고 생각했다.

홍대리가 부서를 옮기고 정신 없이 일 한지도 어느덧 1년 6개월이 지났다. 홍대리에게 지난 시간은 자신이 가장 잘 할 수 있는 일에서 높은 목표를 정하고, 온 맘을 다해 그리고 생산적으로 일을 한 시간이었다. 그 결과 영업지점에서 가장 높은 실적으로 올렸고 최우수 실적상을 받았다.

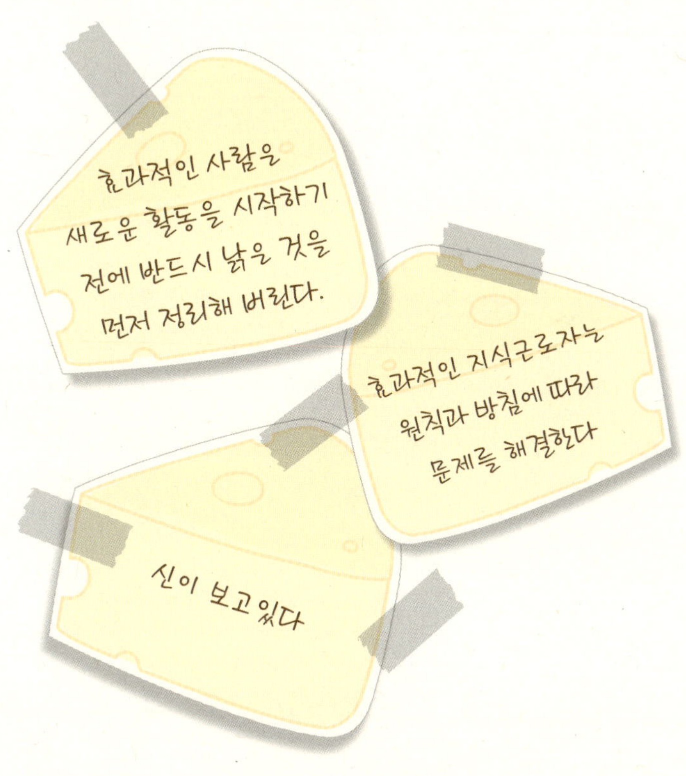

제 6장

인간관계가 좋아진 홍과장

과장으로 승진하다

오늘은 승진 발표가 있는 날이다. 홍대리는 평소와 같이 출근해 책상을 깨끗이 정리한 후 하루의 계획을 세우고 일을 시작했다. 승진자 발표가 오후에 있다는 사실은 알고 있었지만 대개 대리 4년 차에 과장 승진을 하기 때문에 대리

3년 차인 홍대리는 별 관심이 없었다. 오후 3시가 되자 회사 홈페이지 사내 게시판에 승진자 명단이 떴다. 그 시각 홍대리는 외부에서 고객을 만나고 있다가 동료 직원의 전화를 받았다.

"홍대리, 축하해"

"갑자기 무슨 얘기야?"

"과장 승진, 축하한다고."

"뭐? 말도 안돼! 난 승진 대상도 아니잖아?"

홍대리는 자신도 모르게 갑자기 큰 소리를 질렀다. 전혀 예상치 못한 결과에 처음에는 도대체 뭐가 어떻게 된 것인지 어리둥절할 뿐이었다. 그동안 할 수 있는 한 최선을 다해 일 했지만, 회사에서 이렇게 까지 평가를 해 줄 것이라고는 생각하지 못했다. 사실 내년도에 과장 승진 대상이기도 하고 업무적으로도 좋은 성과를 올리고 있기 때문에 더욱 열심히 하면 승진 누락이 되지 않겠지라고 생각해왔는데,

오히려 동기들 중에서 가장 먼저 과장에 승진하게 된 것이다.

사무실에 돌아온 홍대리는 지점장님 자리로 향했다.

"어, 홍대리. 아니, 이제 홍과장이지. 축하해."

"지점장님, 도대체 어떻게 된 거죠? 전 승진 대상이 아니었는데요."

"본부장님께서 사장님께 직접 요청하신 것 같아. 본부장님한테 애기 들은 것 없었어?"

"전혀요."

"어쨌든 잘 됐잖아. 지금까지 열심히 해왔지만 더 잘하자고!"

"네, 그러겠습니다."

자리에 돌아오자마자 가장 친한 동기인 김대리가 다가왔다.

"지점장님이 뭐래?"

"글쎄, 지점장님도 모르고 있었던 것 같아."

"야, 이거 무서운데? 동기들 다 제치고 제일 빨리 가네.

앞으로 잘 보여야겠는걸.”

“너까지 왜 그래.”

그날 저녁 모처럼 일찍 퇴근을 하여 아내에게 승진 소식을 알렸다. 갑작스러운 얘기에 순간 깜짝 놀라는 표정을 지었지만, 이내 기쁜 듯 팔짝팔짝 뛰며 박수를 쳐댔다. 어머님께도 전화를 드렸다.

“어머니, 저 오늘 과장으로 승진했어요.”

“뭐? 과장으로 승진했다고?”

“네. 동기들 보다 1년 빨리 승진한 거예요.”

“그래, 잘 됐구나! 그동안 걱정을 많이 했는데, 정말 잘 됐구나. 우리 아들 장하다.”

인간관계의 본질

너무나 기뻐하는 가족들의 모습을 보면서, 홍대리는 승진 소식을 듣고 나서도 기분이 크게 좋지 않았던 이유를 깨닫게 되었다. 직장 동료들은 자신의 승진 소식에 가족처럼 기뻐해 주지 않았기 때문이었다. 혼자 독주하는 것에 대해 다소 경계하는 눈치였고, 지점장 역시 자신이 모르는 상태에서 승진해서인지 그리 달가워하지 않는 것 같은 느낌이었다.

그런 생각이 들자 갑자기 서운한 마음이 들었다. 그동안 직장 동료들과 좋은 인간관계를 유지하기 위하여 회식도 많이 하고, 경조사에도 빠짐없이 참석하고, 직원들에게 늘 긍정적 태도를 보이고 동료들의 이야기도 잘 들어 주는 등, 할 수 있는 한 열심히 노력했는데, 자신의 승진 소식에 진심으로 기뻐해주는 사람이 많지 않다는 사실은 예상치 못한 충격이었다.

'도대체 뭐가 잘못된 걸까?

피터 드러커는 조직에서 성공적인 인간관계를 유지하는

사람들이 타고난 기질 때문이 아니라 자신이 일에서 또는 사람들과의 관계에서 공헌에 초점을 맞추고 있기 때문이라고 말한다. 또한 인간관계 측면에서 평가를 받는 사람들은 정작 인간관계에 대해 고민하지 않고 있음을 지적하고, 공헌에 초점을 맞추는 활동이 효과적인 인간관계를 유지시켜 준다고 말한다.

인간관계가 좋은 사람은 인간관계를 위한 별도의 노력을 하지 않는다는 말이 홍대리의 폐부에 깊숙하게 파고들었다. 마치 그동안 인간관계를 위해 최선의 노력을 했다고 생각하는 자신의 마음을 꿰뚫는 듯 했다.

'인간관계에서 있어 나의 문제점은 무엇인가?

피터 드러커가 말한 좋은 인간관계를 위한 첫 번째 원칙은 '공헌에 초점을 맞추어라.' 이다. 홍대리는 영업지점으로 옮긴 후 공헌문장을 만들고 가능한 높은 성과를 올리기 위해 노력해왔다고 자부할 수 있었다. 하지만 두 번째 원칙이라 할 수 있는 '다른 사람들과의 관계에서 공헌에 초점을 맞추어라.' 와 관련해서는 특별한 노력을 하지 않았다는 걸 금세 알 수 있었다. 솔직히 상대방의 성공, 목표 달성 또는 성장에 어떻게 공헌할 것인가에 관해서는 한번도 생각해 본적이 없었다. 어쩌면 지금까지의 동료들과 오랜 시간 함께해왔지만 그들과 피상적인 관계에 머무를 수밖에 없었던 이유가 거기에 있었을 것이라고 생각했다.

피터 드러커는 새로운 사람을 만났을 때, "그 사람이 나하고 잘 지낼 수 있을까?" 라고 질문하지 말고, "그는 나에게 어떤 공헌할 수 있는가?" 즉, "그가 아주 잘 할 수 있는 것은 무엇인가?" 라고 질문해야 한다고 말한다.

처음 이 문장을 대할 때는 흔히 말하는 '주고 받기(give & take)' 로 느꼈다. 그러나 여러 번 문장을 곱씹으면서 그 본질을 정리했다. 다른 사람과의 관계에서 그 사람이 자신과 기질이 맞는지, 또는 잘 어울릴 수 있는지에 초점을 두지 말고, 그의 강점 중에서 나에게 또는 우리에게 힘이 될 수 있는 것이 무엇인지를 찾아내라는 것이다. 물론 나 역시 어떻게 하면 그 사람의 목표 달성에 또는 그의 성장에 공헌할 수 있을지에 대한 답을 찾아야 한다는 것이다. 그 결과로 상호 공헌하는 생산적인 관계를 형성하게 된다. 홍대리는 서로의 성장과 목표 달성에 힘이 되는 관계야 말로 비즈니스 상황에서 뿐만 아니라 모든 인간관계의 본질이라는 것을 깨달았다.

상호 공헌하는 인간관계

홍과장은 영업지점 후배인 강창규 대리를 생각했다.

'강대리는 나에게 어떤 공헌을 할 수 있을까?'

'강대리는 고객 재무분석에 업무적 강점을 갖고 있다. 대학에서 회계학을 전공했고, 꾸준히 재무분석 업무를 해왔기 때문에 그 일에 관련해서는 둘째가라면 서러울 정도의 실력을 가지고 있다.'

'그렇다면 나는 강대리에게 어떤 공헌을 할 수 있을까?'

'그것은 바로 '고객 심리분석'이다. 심리학을 전공했고, 영업지점으로 온 후 집중적으로 관련 도서를 읽고 연구했기 때문에 그 분야에 있어서는 나름 자신이 있었다. 반대로 강대리는 옆에서 보기에도 그 점에 관련해서는 분명한 약점이 있어 보였다.'

서로에게 어떻게 공헌할 것인가에 대해 생각하고 나니 왠지 모르는 기대감이 생겼다. 홍과장은 급한 마음에 강대리와 그날 저녁 맥주 한 잔 하기로 했다.

"과장님이 어쩐 일이세요? 먼저 술 한 잔 하자고 하시고."

"응, 강대리 하고 할 얘기가 있어서."

"갑자기 그러시니까 되게 궁금하기는 한데, 긴장도 되네요."

"최근에 내가 인간관계에 대해 고민을 많이 하고 있어. 강대리도 알겠지만 과장이 되고 나서 사람들의 반응이 그렇게 달가워하지 않는다는 느낌을 받았거든."

"다 그런 거죠, 뭐. 남이 잘 되면 배 아파 하잖아요. 너무 신경 쓰지 마세요."

"그래도 내 딴에는 열심히 좋은 인간관계를 만들려고 노력했는데, 막상 그런 느낌 받으니까 서운한 느낌이 많이 들더라. 그래서 내가 이번 기회에 인간관계에 대해서 공부를 해봤는데, 한마디로 말하면 서로에게 공헌하는 생산적 관계를 만들어야 한다는 거야."

"생산적 관계요? 왠지 느낌이 별론데요."

"아니야, 듣기엔 좀 그래도 상대방에 대한 애정이 없으면

할 수 없는 일이야.”

“뭘, 어떻게 하는 건가요?”

“강대리는 고객 재무분석에 자신 있잖아.”

“그야, 그렇지요.”

“나는 고객 심리분석은 자신 있거든.”

“과장님의 그 능력이야 저를 비롯한 모든 사람들이 인정하고 있죠. 정말 대단하다고 느낄 때가 많아요.”

“그래서 말인데, 강대리는 나에게 고객 데이터 분석에 관련해서 도움을 주고, 나는 강대리에게 고객 심리분석에 관련해서 도움을 주면 서로에게 크게 힘이 되지 않을까? 어떻게 생각해?”

“거절할 이유가 없지요. 과장님께서 힘이 되어주시면 저야 정말 감사하지요. 저도 과장님께 힘이 될 수 있도록 최선을 다하겠습니다. 충성!”

“좋아, 그럼 주에 한 번씩 미팅을 하자. 아, 갑자기 생각이 났는데 미팅 이름을 '상호 공헌 미팅' 이라 하면 어떨까?"

"좋아요, 상공미를 위하여!"

두 사람은 평소 가깝게 지내왔지만 오늘은 뭔가 더 특별한 사이가 된 것 같아 연신 맥주잔을 마주 쳤다.

이후 두 사람은 매주 시간을 정하여 미팅을 진행했다. 이 모임은 서로에게 진정으로 필요한 시간이 되었고, 두 사람의 성과는 놀라울 정도로 좋아졌다. 마치 최고 수준의 마무리 투수를 영입해 팀의 전력을 끌어 올린 프로야구 팀처럼 홍과장의 실적은 고공행진을 기록했다. 강대리 역시 이전에 비해 실적도 좋아지고 자신감도 생겼다. 두 사람은 말 그대로 생산적인 인간관계를 형성하여 서로에게 힘이 되는 관계가 됐다. 두 사람은 이제 회사 동료를 넘어 인생에서 좋은 친구가 되어가고 있었다.

이제 홍과장은 사람들을 만날 때 마다 그 사람의 강점을 탐색하며 어떻게 하면 서로의 성장에 또는 행복에 공헌할 수 있을까를 생각하는 습관을 갖게 되었다. 그러던 중 어느 날 문득 아내가 나에게 어떤 공헌을 하면 나의 발전에 그리고 행복에 힘이 될 수 있을까를 생각했다.

'아내는 직감적이지만 빨리 의사결정을 하는 특징이 있다. 게다가 대부분의 경우 옳은 판단일 때가 많았다. 반면에 나는 많은 의사결정을 할 때 심사숙고 하는 편이고, 또 최종 결정을 내리지 못해 스트레스를 받는 편이다. 그때마다 아내가 판단을 도와주어 결정을 도와주면 힘이 될 것이다.'

한편으로 홍과장은 어떻게 아내의 행복과 성장에 힘이 될 수 있을까를 생각해봤다.

'아내는 사람들과 함께 있을 때 행복을 느끼고, 인터넷 쇼핑몰에 대한 꿈을 가지고 있다.'

홍과장은 지금껏 꾸준히 하고 있는 시간 기록의 내용에서 아내와 함께 있는 시간이 많지 않다는 것을 알게 되었다. 그래서 가능하면 함께하는 시간을 늘리기 위해서 노력을 하기로 했고, 아내가 하고 싶어 하는 쇼핑몰에 대해서 얘기를 나누고 함께 준비해야겠다고 마음을 먹었다. 그 순간 행복감을 느꼈다.

"단지 방향만 정했을 뿐이데, 마음이 행복해지는 이유는 뭘까?"

홍과장이 스스로에게 질문을 던지는 순간, 피터 드러커가 말한 '인간은 다른 이의 행복에 기여할 때 행복해 질 수 있다.' 는 말이 번뜩 생각났다. 누군가의 행복에 기여하고자 하는 마음을 품는 것 자체로 행복해지고, 게다가 상대의 행복에 기여하기 위해 실제로 행동한다면 서로에게 큰 힘이 되어 좋은 결과를 만들게 될 것이다. 그러면 그 결과로 인해 더 행복해지고, 그렇게 되면서 점점 행복해 질 수 있을 것이라고 생각했다.

피터 드러커는 좋은 인간관계는 대인 관계 기술을 배운다고 만들어 지는 것이 아니라 자신의 업무와 다른 사람들과의 관계에 있어서 공헌 여부를 중시하면 인간관계도 자연히 좋아진다. 결과적으로 높은 성과를 올리는 것만이 주위 사람들로부터 신뢰와 협력을 이끌어 낼 수 있는 유일한 방법이라고 말한다.

이렇게 인간관계의 본질을 이해한 홍과장은 사람을 만날 때마다 어떻게 하면 그 사람에게 공헌할 수 있을까를 생각하게 되었다. 고객을 만날 때도 어떻게 고객에게 공헌할 수 있을까를 고민하였다. 그러던 중 홍과장은 자신의 강점인 고객심리를 파악하는 노하우를 이용하여 고객에 공헌하는 방법을 생각해냈다. 홍과장 자신의 고객에게 중요한 고객이 누구일까를 탐색해서, 그 고객을 이해하는데 필요한 심리학 이론을 맞춤형으로 정리해서 제공해 주면 도움이 될 것이라는 판단했다. 떨리는 마음으로 첫 번째 시도를 했다. 그 결과는 기대 이상이었다.

"어떻게 이런 생각을 하셨어요?" 고객들은 놀라운 표정을 지으며 기뻐했다.

이런 꾸준한 노력 덕분으로 언젠가부터 홍과장은 주위 사람들에게 진정으로 신뢰를 받는 사람이 되었다.

인간관계가 좋은 사람은 자신의 공헌에 초점을 맞추고, 나아가 다른 사람과의 관계에서 공헌에 초점을 맞추고 있다.

인간은 다른 이의 행복에 기여할 때 행복해질 수 있다.

높은 성과를 올리는 것만이 주의 사람들로부터 신뢰와 협력을 이끌어 낼 수 있는 유일한 방법이다.

제 **7**장

리더십의 본질을 이해한 홍차장

지점장이 되다

홍과장은 주위 사람들의 신뢰를 바탕으로 더욱 높은 성
과를 올리며 조직과 고객 모두에게 크게 공헌할 수 있었다.
그 결과 과장이 된지 다시 3년 만에 차장이 되었고, 광교신
도시 지점의 지점장으로 발령을 받았다.

많은 사람들에게 승진 축하를 받았다. 하지만 기쁨은 잠간이었고, 새롭게 시작하는 지점장 임무를 잘 할 수 있을 것인가에 대한 걱정으로 잠을 제대로 잘 수 없었다. 특히 한 번도 해 본적 없는 공식 리더의 역할에 대한 두려움이 있었다. 그간에 수 차례 리더십 교육을 받았지만, 막상 리더십을 어떻게 발휘해야 할지 막막하기만 했다. 급한 마음에 인터넷에서 새로운 리더십 교육과정을 검색해 보기도 하고, 대형 서점에 나가 리더십 관련 도서를 찾아 보았지만 이거다 싶은 내용이 없었다. 오히려 큰 숲에서 길을 잃은 느낌에 막막함이 더해갔다.

그때 문득 멘토 역할을 해주신 차주영 상무님이 생각났다. 그분이라면 충분한 도움을 주실 수 있을 거라는 생각에 바로 연락을 드렸다. 지금은 회사에서 은퇴를 한 상태라, 시간적 여유가 있어서 바로 다음날로 약속이 잡혔다.

홍차장은 그간의 상황을 이야기하고 고민을 털어 놓았다.

"그냥 상무님이라고 부르겠습니다."

"편안대로 하게."

"새로 지점장이 되고 나니, 어떻게 리더십을 발휘해야 할지 잘 모르겠습니다."

"나도 처음 지점장이 되었을 때 많은 고민을 했지. 잘 해내고 싶은 자네 마음을 십분 이해할 수 있네."

잠시 과거를 회상하는 듯한 표정을 짓던 차상무가 말을 이어나갔다.

"자네는 훌륭한 리더의 특징이 무엇이라고 생각하나?"

"아무래도 카리스마가 아닐까요? 사실 제가 그 점에서 많이 부족하다는 생각을 하고 있습니다."

"흔히 그렇게 생각하지만 사실 리더십은 카리스마가 아니야. 역사적으로 히틀러를 비롯하여 카리스마가 넘쳤던 리더들은 많이 있었지. 하지만 훌륭한 리더가 아닌 경우가 많았어. 반면에 카리스마가 전혀 없었던 리더들 가운데 훌

룡한 리더가 매우 많았어. 처칠, 링컨 등은 카리스마와는 무관했지만 지금까지 만인에게 존경 받는 리더로 남아 있지 않은가. 결론적으로 카리스마는 그 자체로 리더로서의 목표달성 능력을 보장해 주지 않는 다는 것이야.”

“자네는 리더에게 필요한 자질이 있다고 생각하나?”

“아무래도 모든 면에서 뛰어난 자질이 있어야 하지 않을까 하는데요?”

“결론부터 말하면 리더십은 자질과 관계없어. 흔히 리더 하면 영웅적인 모습을 떠올리게 되지만 그 이유는 영화 속에 등장하는 리더들 때문일 것이야. 실제 리더의 모습은 단지 해야 할 일을 하고 있는 평범하다 못해 지루한 모습이지. 리더십의 본질은 자질과 성격이 아니라, 오직 성과에 달려 있는 것이야. 성과를 올리면 리더십이 있는 것이고 성과를 올리지 못하면 리더십이 없는 것이지. 히딩크 감독의 리더십을 높이 평가하는 이유는 목표를 달성했기 때문이

야. 만일 2002년 월드컵에서 우리나라가 16강에 오르지 못
했다면 누구도 그의 리더십을 평가하지 않았을 것이야.”

차상무는 이전보다 조금 더 긴 뜸을 들이다, 이야기를 마
저 이어나갔다.

“리더십은 수단일 뿐이야. 자네는 리더십이 무엇을 위한
수단 이라고 생각하나?”

예상치 못한 질문에 홍차장은 대답을 못했다.

“리더십은 목적일 수 없고, 단지 목표 달성을 위한 수단
일 뿐이라는 것이야. 그럼에도 많은 경우 리더십 그 자체에
목적과 의미를 두고 있지. 막연하게 ‘저 사람은 리더십이
있어.’ 라고 해서는 안 돼. ‘그 사람은 축구 감독으로서 리
더십이 있어.’ 라고 해야 하지. 한마디로 목표 없는 리더십
은 속이 없는 만두라 할 수 있지.”

리더십의 본질

여기까지 이야기를 들은 홍차장은 그간 사람들이 가지고 있는 리더십에 관한 일반적인 생각들이 잘못된 것이라는 것을 깨달았다. 또한 '내가 제대로 알고 있는 것이 얼마나 될까?' 라는 생각을 했다. 사실 입사한 이후 리더십에 대한 얘기를 많이 들어왔지만 정작 리더십에 대해 제대로 아는 것이 하나도 없는 것 같다는 생각이 들자, 잠깐이지만 끔직함을 느꼈다.

차주영 상무는 홍차장의 마음을 읽은 듯 리더십의 본질 이야기를 시작했다.

"리더십의 본질은 세가지 인데, 첫 번째 본질은 일이야. 즉 리더십이란 일을 잘하기 위한 방법이고 수단이야. 결과적으로 목표를 달성하면 리더십이 있는 것이고, 목표를 달성하지 못하면 리더십이 없는 것이지. 그러므로 리더가 해야 할 첫 번째 과제는 조직의 사명을 깊이 생각하고 올바른 목표를 설정하는 거야."

"리더십의 두 번째 본질은 책임이야. 효과적인 리더들은 리더십을 계급과 특권으로 보는 것이 아니라 책임으로 보고 있어. 사실 많은 리더들은 책임을 묻는 위치에 있다고 생각하지. 하지만 상사가 그런 태도를 보이는 순간 부하 직원들은 헌신적 노력을 접게 돼. 리더는 부하직원들과 함께 달성해야 할 목표에 대한 책임을 분명히 할 때에 사람들의 에너지를 끌어 낼 수 있어."

차상무는 다소 흥분한 목소리로 말을 이었다.

"리더십의 세 번째 본질은 신뢰야. 리더로서 올바른 목표를 설정하고 그 목표 달성에 대한 책임을 분명히 했지만, 성실성과 일관성에 기초한 믿음을 보여 주지 못한다면 사람들은 그 리더를 진정으로 따르지 않을 거야. 말과 행동이 다르고, 앞과 뒤가 다른 사람을 믿고 따라갈 사람은 없지 않겠나?"

홍차장은 차상무로부터 리더십의 본질 이야기를 들으면서

공감이 됐지만 한편으로 너무 당연한 이야기라는 생각이 들었다.

"차상무님이 말씀 하신 내용은 솔직히 이미 제가 알고 있는 내용이고, 또 오래 전에 교육을 통해 배운 관리자가 되기 위한 필요 조건과 다르지 않은데요."

"자네 말이 맞네. 리더십의 본질은 관리자의 그것과 다르지 않지. 가장 훌륭한 리더는 다른 어떤 것에 앞서 효과적인 관리자가 되어야 한다는 것을 잊지 말아야 해."

차상무는 잠시 머뭇거리다가 말을 이었다.

"자네에게 한 가지 밝힐 것이 있네. 지금 까지의 내가 한 말은 나의 생각이라기 보다는 피터 드러커가 말한 리더십 이야기 일세. 나도 그동안 리더십 공부를 하기 위해 책도 많이 읽고 다양한 교육 프로그램에 참여했지만, 나에게 실질적인 힘을 주는 내용은 피터 드러커의 경영 원칙이었어."

그 말을 듣는 순간 홍차장은 망치로 머리를 맞은듯 했고,

지구를 한 바퀴 돌아 제자리에 서 있는 느낌이었다. 자리를 뜨기 전에 차상무로부터 들은 내용을 다시 정리해 보았다.

리더십은 카리스마가 아니다. 리더십은 개인의 자질과 관계없다. 리더십은 목표를 달성하기 위한 수단일 뿐이다. 리더십의 본질은 일, 책임감, 신뢰다. 효과적인 리더가 되기 위해서는 이 세가지 본질을 바탕으로 행동해야 한다. 첫째, 조직 전체 성과에 기여하기 위해 우리 팀이 어떤 성과를 올려야 하는지에 대한 답을 찾고 거기 따라 올바른 목표를 설정하고 팀원들이 그 목표를 명확히 알도록 해야 한다. 둘째, 그 목표 달성에 대한 책임감을 갖고, 그 책임을 전적으로 리더가 진다는 것을 보여 주어야 한다. 그래야 사람들은 일에 대한 헌신적인 열정을 품게 된다. 세 번째, 함께 일할 사람들에 성실성과 일관성 있는 모습을 보여줌으로써 믿고 따라올 수 있는 신뢰를 주어야 한다.

집으로 돌아온 홍차장은 오랜만에 「프로페셔널의 조건」을 꺼내 '리더십은 어떻게 발휘하는가' 편을 읽었다.

홍차장은 그동안 리더십에 대해서 제대로 아는 것이 없다고 생각했는데, 리더십의 본질을 이해하고 나니까 기초가 생기고 중심을 잡게 된 것 같아 뿌듯함을 느꼈다. 그리고 지속적으로 효과적 리더십을 발휘하기 위하여 자신의 리더십을 점검 하기 위한 질문 항목을 만들어 봤다.

〈 리더십 점검 체크리스트 〉

□ 나는 조직 성과에 기여하는 올바른 목표를 설정하고 있는가?

□ 나는 목표 달성에 대한 분명한 책임감을 갖고 있는가?

□ 나는 사람들에게 신뢰를 받고 있는가?

□ 효과적인 리더가 되기 위하여 개선해야 할 점은 무엇인가?

홍차장은 스스로 만든 질문에 대한 답을 구한 결과로 나름의 노력은 하고 있지만 모든 면에서 부족하다는 것을 인식 했다. 특히 신뢰에 관련한 항목은 스스로가 판단할 몫이 아니어서 주위의 도움을 얻어 확인하기로 했다. 홍차장은 각 항목에 대해 더 높은 목표를 세우고 도전해야겠다는 각오를 다졌다.

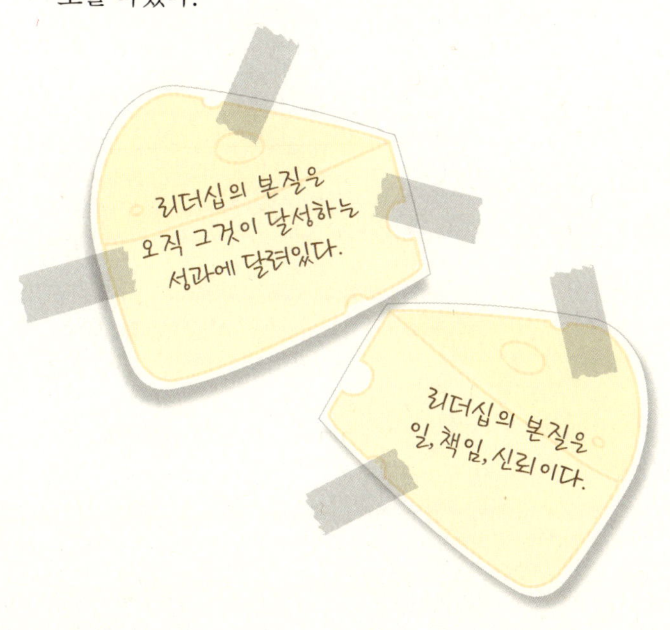

제 **8**장

새로운 도전

나는 어떤 사람으로 기억되길 바라는가?

문제로 생각해왔던 것들의 본질을 이해하고 일을 해서인

지 몰라도 홍지점장은 평소보다 상황에 따른 판단력이 높

아졌고, 웬만한 문제는 원칙에 따라 해결하게 되었다. 예전

에 비해 훨씬 힘이 덜 들어간다는 느낌도 받았다. 그동안의

시간과 노력이 새지 않고 잘 집적된 결과였다. 현재 업무적으로는 특별한 문제나 고민은 없었지만, 조금씩 공허한 느낌이 든 건 얼마 전부터였다.

'나는 무엇 때문에 이렇게 열심히 일하고 있는 것일까?'

처음 한 번 그 생각이 들고난 이후, 이따금씩 이 질문이 머릿속을 온통 헤집고 다니는 듯 했다. 이번 문제는 단순한 업무적 고민이 아니었다. 「프로페셔널의 조건」에도 그 답은 없을 것 같았지만, 그래도 혹시 하는 마음으로 책을 들춰봤다. 낡아 헤진 책 표지와 수없이 그어 놓은 밑줄을 보자, 그동안의 책의 내용을 적용하기 위해 노력했던 장면들이 스쳐갔다. 홍지점장은 책을 빠르게 넘겨가다 책 뒷부분에서 멈추었다. '어떤 사람으로 기억되길 바라는가' 라는 소제목이 눈에 들어왔다.

피터 드러커가 열세 살이 되던 해에 어느 선생님으로부터 종교 과목을 배웠는데, 그 선생님은 어느 날 교실에 들어서 자마자 학생들 한 사람 한 사람에게 "너희들은 죽은 뒤, 어떤 사람으로 기억되기를 바라느냐?"라는 질문을 했다. 물론 아무도 대답하는 사람이 없었다. 잠시 있다가 선생님은 껄껄 웃으시며 다음과 같이 말했다. "나는 너희들이 이 질문에 대답할 수 있을 것으로 기대하지 않았다. 그러나 50세가 될 때까지도 여전히 이 질문에 대답을 할 수 없다면, 그 사람은 인생을 잘못 살았다고 봐야 할 거야."

피터 드러커는 어린 시절의 이야기를 제시하며 '어떤 사람으로 기억되기를 바라는가?'라는 질문은 우리로 하여금 자신이 앞으로 될 수 있는 사람으로 보도록 압력을 가하기 때문에 각자를 스스로 거듭나는 사람이 되도록 이끌어준다고 말한다.

쉰이 되려면 아직 멀었지만 홍지점장은 이 질문에 대한 답을 구하지 못한 자신이 혹 인생을 잘못 살고 있는 게 아닐까라는 생각에 빠졌다. 앞으로 한 달 동안 이 질문에 대한 답을 찾아 정리하기로 마음먹었다.

그로부터 한 달 후, 마침내 답을 구했다.

나는 끊임없이 발전하기 위해 노력하고,

또한 삶의 문제를 지혜롭게 해결한 사람으로 기억되기를 바란다.

'내가 만일 지금 죽어도 이런 평가를 받을 수 있을까?'

그런 생각을 하니, 홍지점장은 순간 아찔해졌다.

에필로그

홍지점장의 일기

또 한 해가 저물어 간다. 지난 시간을 돌아보니 정말 열심
히 살았다는 생각이 든다. 한편으로는 너무 정신 없이 달리
기만 한 것이 아닐까 하는 걱정도 된다. 그래도 매순간 스
스로가 옳다고 생각하는 방향으로 힘껏 달려 나갔기에 큰
후회는 없다. 적어도 지난 해보다 후회가 줄어든 것이 다행

이고 감사한 일이다.

몇 주전, 아들이 학교에서 가장 존경하는 사람은 누구냐는 선생님의 질문에, "아빠 입니다. 왜냐하면 우리 아빠는 항상 지혜롭게 문제를 해결하기 때문입니다."라고 말했다는 이야기를 아내에게 듣고 가슴이 짠했다. 그간 열심히 일한다는 핑계로 식구들과 함께 한 시간이 적어 미안한 마음이었는데, 아들의 눈에 아빠가 그런 모습으로 보였다니, 정말 다행스럽고도 고마운 일이다. 앞으로 가족들에게 좀더 많은 시간과 마음을 쓰는 가장이 돼야 겠다.

본부장님께서 다음 주에 있을 부장 인사에서 좋은 소식이 있을 거라 했다. 여전히 부족하지만 기회가 주어진다면 회사와 직장동료들을 위해 그리고 나와 가족을 위해 더욱 최선을 다해야 겠다.

언젠가부터 모든 일이 잘 풀리는 것 같다.

우연한 계기였지만 피터 드러커의 「프로페셔널의 조건」을 읽고, 나의 삶과 일에 적용해 온 것이 그런 상승 흐름을 만들게 된 가장 주된 이유일 것이다. 그렇지 않았다면 아마도 많은 에너지와 시간을 낭비했을 것이고, 지금과 같은 모습으로 발전하지 못했을 것이다.

땡큐! 드러커.

맺음글

상승감

인생을 살다 보면, 좋은 날도 있고, 나쁜 날도 있기 마련이다. 하지만 전체 흐름으로 보면 꾸준히 성장하고 발전하는 흐름, 즉 점점 잘 되어 가는 흐름을 만들어 가는 사람이 있고, 반대로 발전 없이 그 자리를 맴도는 삶을 사는 사람도 있다. 심지어는 하는 일마다 안되어 점점 나빠지는 흐름 속에 있는 사람도 있다. 점점 좋아지는 흐름을 만드는 것은 모든 사람이 원하는 일이지만, 결코 쉬운 일이 아니라는 것을 인생을 살다 보면 저절로 알게 된다. 단순히 열심히 사는 것만으로 성공할 수 없다는 것은 이제 상식이 된지 오래다.

이 책의 내용에서 주인공 홍대리의 흐름을 살펴 보면, 어린 시절 꾸준히 성장하는 흐름이었지만, 입사 이후부터 안 좋은 흐름에 빠지게 되었다가 다시 발전하는 흐름을 만들면서 어느 시점에서부터 완전한 상승감을 갖게 되는 이야기이다. 홍대리가 그러한 상승 흐름을 만들게 된 데는 피터 드러커의 도움이 있었다. 피터 드러커는 어떤 도움을 준 것인가? 그것은 바로 올바른 곳에 초점을 두게 하고, 그곳에 에너지를 집중하게 한 것이다. 또한 자신이 가지고 있는 것을 잘 활용하여 자신이 할 수 있는 최대한의 성과를 만들게 한 것이다. 즉, 효과성을 극대화 하기 위한 노력을 하도록 이끌어 준 것이다. 그것이 바로 피터 드러커가 말하는 경영 원리이다. 경영이란 기업의 목표달성 방법으로 발전해 온 문제해결 방법이지만, 기업을 넘어 세상 만사에 적용할 수 있는 원리가 된다. 한번뿐인 인생을 가장 잘사는 방법은 자기가 가지고 있는 것이 무엇인지를 파악하여 잘 활용하고, 또한 다양한 능력과 에너지를 자신의 삶에서 가장 중요한 일에 집중하는 것, 즉 자기경영이다.

흔히 성공한 사람들에 대해, 그들은 특별하다고 생각하는 경향이 있다. 물론 성공한 사람들이 많지 않기 때문에 그 자체로 특별하게 볼 수 있지만, 그것은 결과적인 것이다. 성공한 사람들은 공통적으로 "저 같이 평범한 사람도 해냈습니다. 여러분도 할 수 있습니다.”
라고 말한다. 이런 말을 듣는 대부분의 사람들은 거기에 동
의하지 않는다. 나 역시 그런 말을 믿지 않았다. 성공한 사
람들은 보통 사람들과는 다른 사람이라고 생각했다. 하지
만 지금은 그렇게 생각하지 않는다. 몇몇 예외적인 경우를
제외하면 그들은 분명 평범한 사람들이다. 다만 그들이 특
별한 것은 높은 수준의 자기경영 능력이다. 성공한 사람들
은 자신이 가진 모든 능력과 자원을 중요한 일에 집중시킨
다. 반면에 보통 사람들은 자신이 가진 능력과 자원을 여기
저기 산만하게 쓴다. 결국 가지고 있는 자원과 에너지를 어
떻게 활용하고, 어디에 쓰느냐가 성공한 사람과 그렇지 못
한 사람의 차이다.

 이러한 원리는 우리가 사는 인생이든, 하고 있는 일에서
이든 다 똑같이 적용된다. 미래를 예측할 수 없을 만큼 변
화의 속도가 빠르고, 전체의 모습을 어림잡을 수도 없는 복
잡계를 사는 현대인들에게 필요한 것은 자신에게 가장 중

요한 일이 무엇인가를 명확히 하는 것이다. 자신에게 중요한 일이 무엇인가를 찾고, 중요한 일에 집중 할 수 있는 시간을 만들고, 중요한 일에 자신이 가지고 있는 능력과 자원을 집중하라는 것이 피터 드러커의 메시지다. 누군가는 피터 드러커에 대해서 숲속에서 잃은 길을 찾게 해주는 사람이라고 했다. 넘쳐나는 정보 속에서 오히려 혼란에 빠져있는 것이 오늘을 사는 우리들의 모습이고, 그런 상황에서 올바른 길을 안내해 주는 것이 피터 드러커이다. 그런 면에서 피터 드러커를 능가할 만한 사람은 별로 없을 것이다.

「위대한 기업의 8가지 습관(Built To Last)」의 저자 짐콜린스는 책을 집필하는 과정에서 책의 제목을 '드러커가 옳았다. 그리고 우리는 해냈다.(Drucker is rignt, and we're done)' 라는 제목을 검토했다고 한다.

'중요한 일에 집중하라.' 는 피터 드러커의 메시지는 지극히 당연한 이야기처럼 들리기도 한다. 그런 이유로 이 말을 너무 쉽게 생각하는 경향이 있다. 하지만 내가 정말 그렇게 살고 있는지를 자문해 보길 바란다. 모쪼록 홍대리가 갖게 된 상승감을 보다 많은 사람이 갖게 되길 기대해 본다.

지은이

자유롭게 일하는 아빠 홍 성 욱

1989년에 입사한 한국생산성본부에서는 기업교육 전문가로서
열심히 일했고, 1996년 창업한 기업교육 컨설팅 회사인 OETC에
서는 사업가로서 신나게 뛰었다. 현재는 열린교육공학센터 소장
이자 기업교육 및 평생교육 강사로서 피터 드러커의 경영 원칙
을 중심으로 자유롭게 강의하고있다. 저서로는 〈자유롭게 일하
는 아빠〉, 〈최고들의 7가지 자기관리법, 피터가 알려준 21세기
성공 원칙〉이 있다.
oetc21@naver.com

그린이

추 병 수 화백

한국생산성본부에서 기업경영지, 주간생산성신문의 생산성만평,
생산성 관련 홍보 만화 등 작품 활동을 하였다. 지금은 한국생산
성본부 책임전문위원으로 재직 중이다.
bschu@kpc.or.kr

Smart Working Story

땡큐! 드러커

	등록번호 · 제 1-1769호
	등록일자 · 1994. 9. 7
1판 1쇄 인쇄 · 2013년 9월 10일	서울특별시 종로구 적선동 122-1 생산성빌딩 6층
1판 1쇄 발행 · 2013년 9월 25일	전 화 · 02)738-4900(편집부)
	02)738-4902(마케팅부)
저 자 · 홍 성 욱	팩 스 · 02)738-4902
발행인 · 안 덕 기	E-mail · kskim@kpcm.or.kr
발행처 · 한국생산성본부 정보문화원	I S B N · 978-89-8258-652-1 13320

값 12,000원

* 잘못된 책은 서점에서 즉시 교환하여 드립니다.